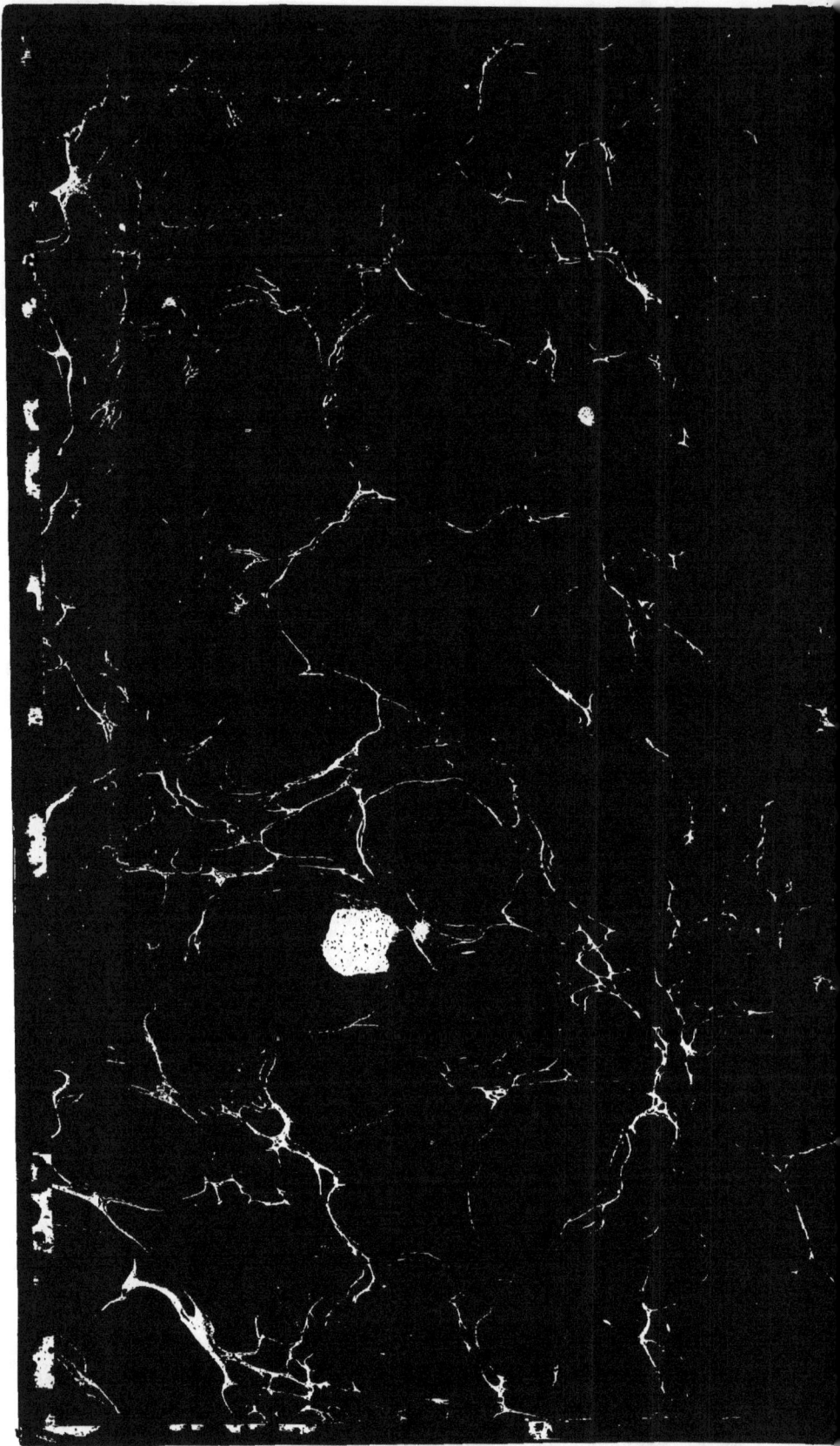

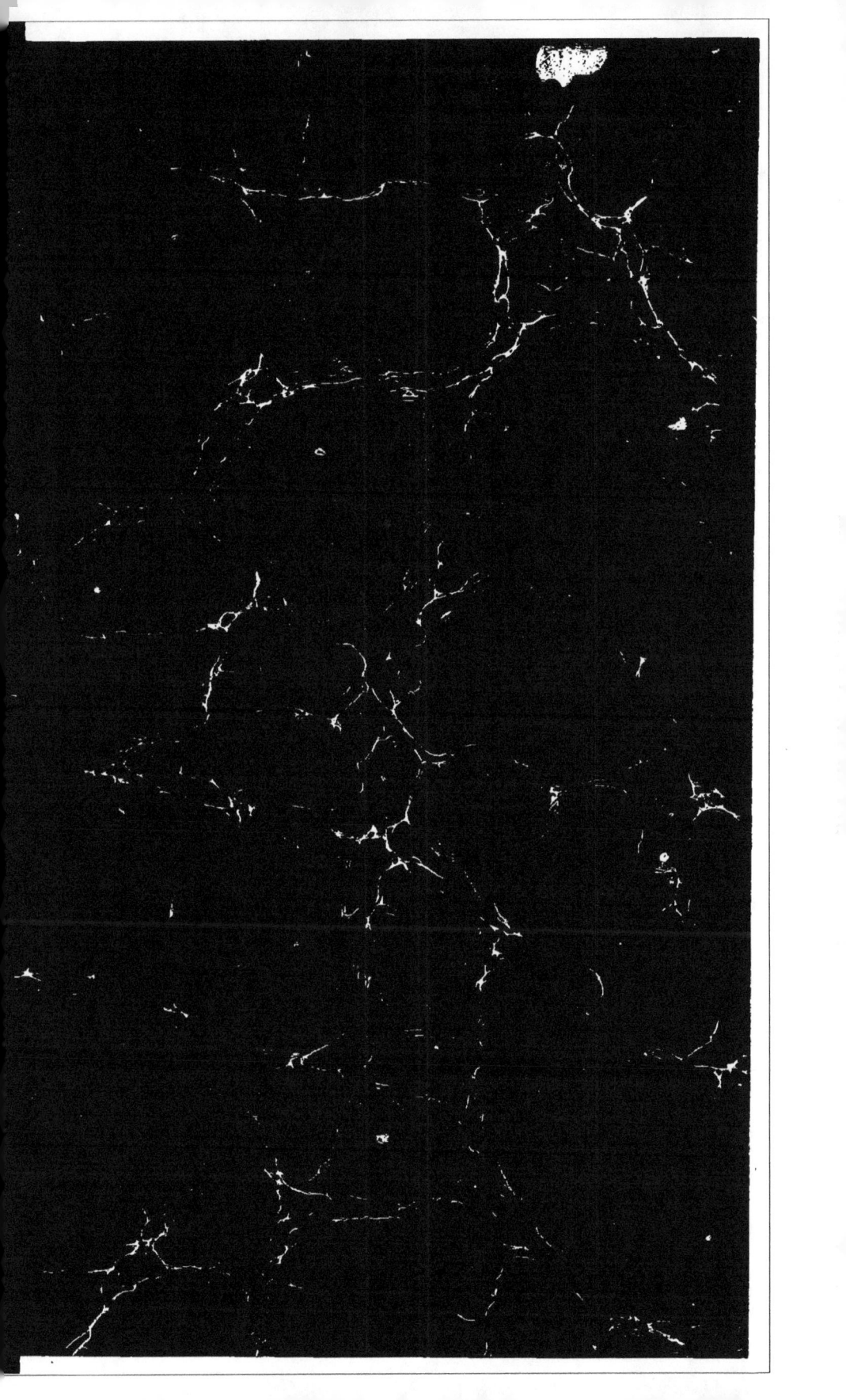

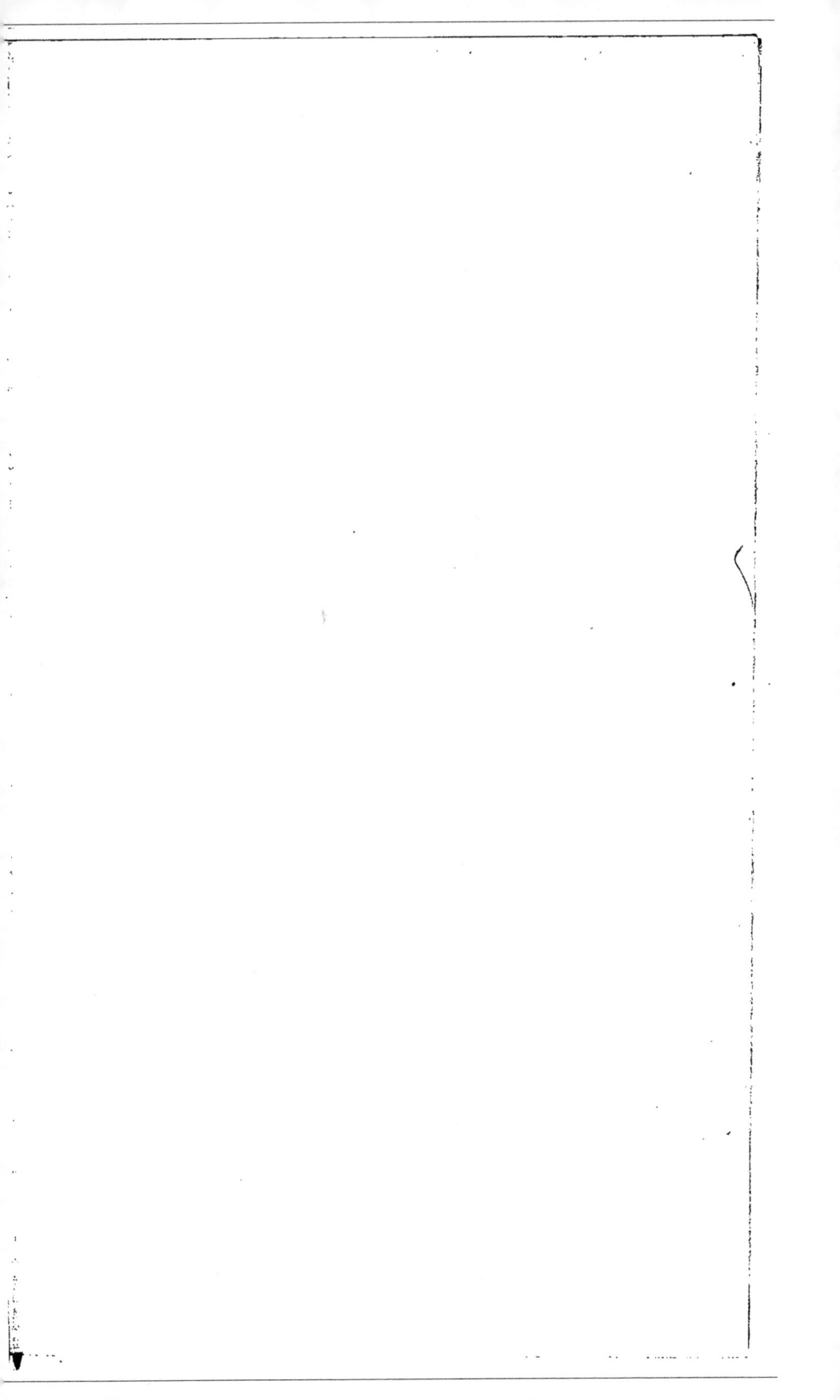

LK 3343

HISTOIRE

DE LA GUILLOTIÈRE

ET

DES BROTTEAUX.

La Guillotière, Imprimerie de J.-M. Bajat, rue des Trois-Rois, 1.

HISTOIRE

DE

LA GUILLOTIÈRE

ET

DES BROTTEAUX,

DEPUIS SA FONDATION JUSQU'A NOS JOURS (1846),

Par F. Meifred.

LYON,

J. GIRAUD, ÉDITEUR, RUE ST-DOMINIQUE, 11,

ET CHEZ LES PRINCIPAUX LIBRAIRES.

—

1846.

INTRODUCTION.

Lyon, l'ancienne métropole des Gaules, a vu naître, depuis quelques années, à ses portes, non une rivale, mais une sœur; cette sœur, c'est la Guillotière. Modeste faubourg avant la République, elle a, depuis l'Empire, pris une extension vraiment fabuleuse; à tel point qu'elle a fait dire à un préfet du Rhône : *Bientôt, si cela continue, on ne dira plus la Guillotière près Lyon, mais Lyon près la Guillotière.* Nous sommes loin de penser à la réalisation de cette prophétie; mais ce que personne ne peut nier, c'est la marche progressive de cette ville, c'est sa population augmentant chaque jour, c'est son industrie, ce sont les nombreuses fabriques et manufactures qui s'y élèvent, ce sont les projets d'amélioration sagement conçus par son administration municipale et exécutés à mesure que les ressources communales le permettent.

Une seule chose peut paralyser quelque temps la prospérité future de la Guillotière : c'est la division qui règne entre les deux quartiers composant cette commune; elle ralentira son essor, son agrandissement et son embellissement. Le quartier des Brotteaux, à plusieurs reprises et même en ce moment, a demandé, à l'autorité supérieure, sa séparation de la Guillotière et son érection en commune particulière. Les Brotteaux, de construction tout à fait nouvelle, ont, il est vrai, de belles avenues, de superbes places, de grandes rues ; leur population est composée de négociants, de banquiers, de capitalistes, de savants, de professeurs ; mais pour ces belles maisons et cette population d'élite, les Brotteaux doivent-ils dédaigner la Guillotière ? Nous ne le pensons pas.

La population de la Guillotière proprement dite, disent les pétitionnaires des Brotteaux, est composée en grande partie d'habitants qui ne vivent que de l'agriculture, du commerce des grains, des bestiaux, des chevaux de roulage et des professions qui s'y rattachent ; qui ont des mœurs et des habitudes qui leur sont propres. Nous demanderons aux Brotteaux quelle est la ville où il n'y a que des banquiers, des négociants, etc. ? Est-ce que les habitants qui ne vivent que de l'agriculture ou du commerce des bestiaux sont méprisables ? sont-ils indignes d'habiter dans la même commune que des rentiers et des savants ? Le travailleur n'est-il pas aussi honorable que le banquier ? le cultivateur que le marchand ? le roulier que le capitaliste ?...

Laissez ces petites querelles d'amour-propre, laissez de côté ces taquineries qui n'aboutissent à rien ; que la Guillotière et les Brotteaux restent unis, et de belles rues, de riches magasins, de grandes manufactures s'élèveront sur leur sol. Les plans de M. Crépet se réaliseront, un peu tard peut-être ; mais enfin ils peuvent se réaliser, et la Guillotière alors sera une

digne sœur de Lyon. Les travaux vont bientôt com-
mencer pour la construction du quai de Joinville. —
Des monuments vont également s'élever ; nous citerons de ce nombre une Ecole d'artillerie, — un Hôtel-
de-Ville , — un Hôpital , — un Abattoir, — une Halle
aux grains, — un Marché aux chevaux et aux bestiaux ; — enfin un Débarcadère pour les bateaux à
vapeur du Rhône doit d'un jour à l'autre s'établir à la
gare de la Vitriolerie, où les Compagnies pourront
faire élever de vastes magasins pour les marchandises.
— Le chemin de fer doit également avoir son débarcadère à la Guillotière. — Tout semble ainsi vouloir
faire de cette commune une grande et industrieuse
cité.

C'est de cette ville nouvelle, mais dont l'origine se
perd dans la nuit des temps, que nous avons essayé,
nous ne dirons pas d'écrire l'histoire, nous n'avons
jamais eu cette prétention ; que nous avons essayé,
disons-nous, de réunir les principaux faits historiques.

Son étymologie, son origine, sa fondation, ses
ponts, ses inondations, ses entrées solennelles, ses
églises et ses monuments anciens et modernes, ses
jours de fêtes et de deuil, ses anciennes coutumes et
ses mœurs actuelles, nous avons tout réuni dans
notre ouvrage. On nous reprochera peut-être de ne
pas avoir donné à notre récit une teinte plus ou moins
philosophique : nous répondrons que nous avons
voulu seulement rassembler dans cet ouvrage les faits
historiques qui se sont passés à la Guillotière et aux
Brotteaux , laissant à une plume plus habile et plus
savante que la nôtre le soin d'écrire une histoire com-

plète ; heureux si les matériaux que nous avons réu-
nis peuvent être de quelque utilité à celui qui se fera
l'historien de cette ville.

Depuis que nous avons entrepris cet ouvrage, M.
Crépet a fait paraître une *Notice historique et topo-*
graphique sur la ville de la Guillotière ; dans ce
travail, l'architecte-voyer de cette ville fait connaître
le projet d'embellissement qu'il a conçu ; il nous
montre la Guillotière telle qu'elle sera peut-être dans
plusieurs centaines d'années. Nous souhaitons pour la
ville et pour M. Crépet l'entière réalisation de ce que
nous appelerons un *beau rêve.*

Dans son ouvrage, M. Crépet montre ce que la Guillotière peut devenir ; nous, nous avons cherché à faire
connaître ce qu'elle fut et ce qu'elle est encore aujourd'hui.

LA GUILLOTIÈRE.

CHAPITRE PREMIER.

On ne sait l'époque précise à laquelle on doit faire remonter la fondation de cette ville, et la plupart des auteurs qui ont écrit l'histoire de Lyon ont interprêté l'étymologie du nom de la Guillotière de manières différentes, à tel point, qu'au lieu d'éclairer l'opinion, au lieu d'y jeter quelques éclaircissements, ces dissertations l'ont obscurcie de plus en plus. On ne peut

1

faire aucunes recherches, soit sur la fondation de cet
ancien faubourg de Lyon, soit sur son étymologie,
sans trouver des contradictions basées sur des raison-
nements plus ou moins concluants.

Pendant assez longtemps on a cru que son nom
dérivait de celui de *Guy lhostière*, *ab hospice Urico*,
dans l'opinion où l'on était que c'était là que les
Druides déposaient le gui de chêne après l'avoir
cueilli dans les forêts du Dauphiné. Voici de quelle
manière les écrivains qui ont partagé cette opinion,
se sont exprimés à ce sujet :

Le sixième jour de la première lune de l'année,
qui commençait alors le 1er mars, les Druides par-
taient de l'Ile-Barbe et venaient dans les forêts du
Dauphiné pour y chercher le gui ; on devait trouver
cette plante parasyte sur un chêne de trente ans. La
cérémonie s'ouvrait par une procession générale. Les
Eubages (Druides subalternes qui s'occupaient de la
politique, de l'astronomie et de la divination), marchaient en cette occasion les premiers, conduisant
deux taureaux blancs pour servir de victimes. Les
Bardes suivaient, chantant des hymnes à la louange
des dieux, célébrant les exploits des héros, blamant
les vices et louant la vertu. Venaient ensuite les dis-
ciples en habit blanc, suivis du *héraut d'armes*, couvert d'un chapeau avec des ailes, tenant en main une
branche de verveine entourée de deux serpents.

Les trois plus anciens Druides, dont l'un portait le
pain que l'on devait offrir, l'autre un vase plein d'eau,
et le troisième une main d'ivoire attachée au bout
d'une verge ; marchaient devant le grand-prêtre.

Celui-ci, pieds nus, vêtu d'une robe blanche, était entouré de la noblesse, habillée à peu près comme lui.

Le cortége étant arrivé au pied du chêne choisi, le Pontife brûlait un gâteau, versait de l'eau sur le gazon, et offrait en sacrifice, après quelques prières, le pain et l'eau qu'il distribuait aux assistants. Ensuite il montait sur l'arbre, coupait avec une serpette d'or le *gui*, le jetait sur une nappe, et la solemnité était terminée par l'immolation des deux taureaux.

Une fois le *Gui* trouvé, il était transporté dans un temple situé sur le bord du Rhône, il restait là jusqu'à ce que les préparatifs qu'on employaient à le recevoir dignement fussent terminés. C'est de là que vient le nom de *Guy-lhostière*; car, en l'ancien romain, nous dit un historien, *Hostier* et *Lhostière* estait ce que nous disons aujourd'huy hostel ou hostellerie comme estant l'hostière du Guy.

Le Père Ménestrier se raille, sans doute avec quelques raisons, de ceux qui veulent que la Guillotière ait cette étymologie. Cependant il n'est pas douteux que les Druides aient été établis chez les Ségusiens ; si l'étymologie est fausse, l'erreur n'en suppose pas moins une opinion généralement reçue d'une haute antiquité de cette ville, puisque les Druides dont elle aurait été contemporaine, furent supprimés par les premiers empereurs romains. — Ce même historien (Ménestrier) assure que les anciens titres donnent à ce faubourg le nom de *Grillotière*, à cause de la multitude d'animaux surnommés *Grillets*, qu'on y trouvait. — Paradin a une opinion à peu près analogue, il dit qu'il fut ainsi nommé en 1500, *à cause des grillets* et *sonnettes de mulets* (grelots) *de voitures, desquels il n'est jamais desgarni.*

Voici maintenant deux écrivains modernes, MM. Beaulieu et Bunel, qui ont une opinion bien différente, non-seulement de celle que nous venons de faire passer sous les yeux du lecteur, mais encore entre eux. D'après le premier de ces Messieurs (1), un moine d'Ainay, nommé l'*Agrillotier*, aurait cédé, en 1350, à son monastère, le mandement de Bechevelin. M. Beaulieu ne cite aucune autorité à l'appui de cette assertion, il pense qu'il serait très possible que ce moine ait donné son nom au faubourg qui, dans quelques anciens titres, comme nous l'avons dit plus haut, est appelé *la Grillotière*. Si ce curieux document était authentique, il n'y aurait plus aucun doute sur l'étymologie du nom de cette ville.— Enfin, M. Bunel, dans l'*Album du Lyonnais* de 1844, dit : « Avant le xɪvᵉ siècle, il y avait à l'entrée du faubourg une grange, où son propriétaire, nommé Grillot, servait à boire et à manger. Comme elle était très fréquentée, on désigna bientôt cette partie du mandement de Bechevelin sous le nom de *Grillotière*, et par corruption *Guillotière*. »

Ainsi qu'on a pu le voir, chaque historien a une version différente, d'après l'un c'est un moine d'Ainay, d'après l'autre c'est un simple cabaretier ; la dernière version, nous devons le dire, a quelque fondement parmi les Guillotins. Car plusieurs personnes de la

---

(1) *Tableau chronologique de Lyon.*

Guillotière nous ont dit, d'après la tradition, qu'il
existait, dans les temps reculés, une auberge dans le
faubourg, où les Lyonnais venaient les dimanches se
reposer de leurs fatigues, et fêter leurs saints patrons.
Cette auberge aurait été tenue par deux associés, dont
l'un avait nom *Guillot* et l'autre *Tière*, ce qui faisait
dire, *allons chez Guillot-Tière*. Cette étymologie,
d'après nous, ne vaut guère plus que les deux qui la
précèdent.

Nous pensons que son fondateur n'est pas plus
le moine d'Ainay l'*Agrillotier*, que le propriétaire
Guillot, et encore moins les associés *Guillot* et
Tière, mais on doit faire remonter son origine bien
plus avant, et ne pas croire avec quelques personnes,
qu'avant le xive siècle, l'emplacement qu'occupe aujourd'hui cette commune était inhabité.

Quant à nous, an sujet de l'étymologie de la Guillotière, nous ne partageons pas l'opinion du père Ménestrier et de Paradin, nous serions plutôt portés à
croire que le nom de cette ville vient de gui du chêne
et de hôtellerie (hostière), comme le pensait nos anciens historiens. Un fait qu'on ne peut nier est l'existence des Druides dans nos contrées, et un monument
encore visible prouve mieux que tous les raisonne-
ments, que les Druides venaient chercher le gui dans
les forêts du Dauphiné. Ce monument est le Menhir
qu'on voit à peu de distance de la Guillotière, sur la
route de Villeurbanne à Crémieu; cette pierre énorme
couchée sur le côté, est connue dans les environs sous
le nom de *Pierre-Frite*; on ne peut se dispenser de
reconnaître ce monument pour un témoin du culte

druidique dans nos contrées ; ce menhir , de forme
pyramidale , comme la plupart de ceux qu'on trouve
dans la Bretagne et le pays Chartrain , fut vendu il y
a une quarantaine d'années, par le propriétaire du
sol ; mais tous les efforts de l'acquéreur et ceux même
de plusieurs chevaux , ne parvinrent qu'à lui donner
la position où il est actuellement. Le juge de paix de
Meyzieux le réclama pour le conserver dans la contrée,
comme monument public , et le bloc resta couché sur
le flanc.

Comme on ne voit dans les environs aucun rocher
semblable , la tradition populaire veut que ce roc ait
été jeté du Mont-Cindre , par Gargantua , pour servir
de but au jeu de palet , jeu auquel ce géant avait l'ha-
bitude de se livrer , et que les quatre trous qu'on voit
dans la pierre , soient l'empreinte de ses doigts. Cette
pierre devait servir aux Druides pour leurs sacrifices ;
car, à cette époque , de vastes forêts couvraient ce sol,
et convenaient parfaitement aux mystères druidiques.
Le nom de *Malbuet,* malbois, mauvais bois, que porte
le territoire au dessous des Balmes viennoises, et celui
des Brosses que porte la plaine au dessus, indique
assez que cette partie était couverte d'arbres.

Le Rhône, ou un bras de ce fleuve, a successivement occupé à des époques éloignées de nous , les ter-
ritoires des communes de Villeurbanne et de Vaux-en-
Velin (vallée , basse vallée unie), et à des époques
moins éloignées , le fleuve couvrait de ses eaux , à la
moindre inondation , toutes les plaines des Brotteaux
jusqu'aux Balmes viennoises. On voyait encore sous
l'empire , sur la place commune de Villeurbanne, une

grosse pierre de Choin, qui portait l'empreinte du scellement d'un anneau; suivant la tradition, cet anneau servait à attacher les bateaux lorsque le Rhône coulait le long des balmes. Le gravier que l'on rencontre partout et une légère couche de terre noirâtre, qui le recouvre çà et là, annonce la décomposition des plantes, causée par la stagnation des eaux; ailleurs une terre grisâtre sans consistance et aussi mobile que la cendre, tout dénote un sol d'alluvion (1).

Au reste, les découvertes d'antiquités faites à diverses époques, prouvent assez que la Guillotière existait avant le xive siècle; nous croyons devoir mentionner ici quelques-unes de ses découvertes : Tout me porte à croire, dit M. Cochard (2), qu'il existait du temps des Romains, sur l'emplacement qu'occupe la chapelle rurale de St-Alban, un temple ou du moins un *Sacellum*, dédié à quelqu'une de leurs divinités. On remarque, en effet, dans les murs de cette chapelle, des débris de marbres sculptés, des matériaux provenant d'anciennes constructions, et sur la petite porte au nord, une pierre de Choin qui contient des fragments d'une inscription en lettres onciales, annonçant la douleur d'un fils, militaire à Lyon, qui avait perdu sa mère. Voici cette inscription :

/I MILITAVIT II

AR LVGVDVNEN

II MATRI PIISSIN

Un autre monument a été découvert pendant le

(1) *Tablettes hist. et litt.*, tome III. 1824.
(2) *Archives du Rhône*, tom. I.

mois de juin 1845, à environ deux cents mètres du
fort du Colombier, il est d'une grande dimension, et
formé d'un seul bloc de pierre de Choin : sa forme est
celle d'un taurobole, sa hauteur est de deux mètres
trente-cinq centimètres, sa longueur, prise de la base,
est de un mètre cinq centimètres. Au sommet de sa
face principale se trouve sculpté l'*Ascia*, et au dessus
l'inscription suivante :

D.   M.

ET MEMORIAE ETERNAE

SULI SERVANDI GROTI SEXTOS

VITATIVS MASCEL HERES   .

POVENDVN   CVRAVIT   EV

RANTE   SEXTO   VITALIO   MOTU

EO   ED   SUB   ASC   DEDIC

Au dessus de ce cippe existe une cavité de forme
carrée, de deux centimètres de profondeur et destinée
probablement à recevoir une statue ou un buste. Il était
enfoui à environ un mètre de profondeur, et renversé
parallèlement au sol ; son sommet était du côté de
l'orient. On a aussi trouvé quelques débris de poteries
romaines.

L'histoire de la Guillotière se lie étroitement à celle
de son pont ; sans cette voie jamais ce faubourg n'aurait eu grande importance ; aussi avons nous recueilli
tous les événements dont il a été le théâtre, comme
faisant partie de notre domaine.

Par sa position, Lyon est depuis les temps les plus
reculés le point central des communications de l'oc-
cident à l'orient de la France et à la Suisse, du nord

au midi de la France et de l'Italie. Dans ces temps reculés c'était par le Rhône et la Saône, ces deux grandes voies de communication formées par la nature, que les marchandises se transportaient principalement. « Le Rhône, dit Strabon, porte ses bateaux à la Saône, et la Saône, au moyen d'un petit espace de terre, les rend à la Seine, qui les conduit à l'Océan.» Pour faciliter ces importantes communications, un pont était nécessaire sur le Rhône ; les Romains, qui savaient si bien comprendre les véritables intérêts du commerce et de l'industrie, y en élevèrent un en bois, on ne sait quelle année, mais on suppose que ce fut peu de temps après leur arrivée avec Plancus ; il est certain qu'il existait lorsque Lyon devint la métropole des Gaules.

C'est sur ce pont que périt, le 25 août 383, d'une mort tragique, le jeune empereur Gratien qui, dans le partage de l'empire avec Valentinien son frère, avait conservé la Gaule au nombre de ses domaines. L'heureux naturel de Gratien, cultivé par Auxone, promettait à son peuple la renaissance des beaux jours de Constantin ; il avait passé les Alpes pour aller combattre l'usurpateur Maxime ; lâchement abandonné de ses soldats, il était à Lyon comme dans une ville constamment fidèle aux Césars ; mais Andragathe, par ordre de Maxime, lui tend un piége pour l'attirer hors de la ville, il lui fait annoncer l'arrivée de l'impératrice. Gratien, transporté de joie par cette nouvelle, monte à cheval pour aller à sa rencontre ; à peine arrivé sur le pont, il aperçoit une magnifique litière ; croyant que c'est celle de sa femme, il descend assitôt de cheval et s'avance à grands pas, met la tête dans la litière; mais, au lieu de son épouse, il trouve Andragathe qui s'y était caché, et le saisissant par les cheveux, il assassina son maître et son bienfaiteur. Ainsi périt, à 24 ans, cet empereur d'un excellent naturel, sur le tombeau duquel pleura St-Ambroise.

Les débordements du Rhône sont venus fréquemment commettre des dégâts plus ou moins grands à la Guillotière et dans les environs. Tous ces débordements sont aisés à expliquer, nous dit M. Guerre, dans un mémoire publié en 1826, où nous puisons quelques renseignements :

Le Rhône a ses sources dans les plus hautes régions des Alpes. Les fontes subites de neiges et de glaces, les pluies excessives qui arrivent par des affluents sans nombre au centre commun qui leur sert de lit, mais qui ne peut pas toujours les contenir, font de ce fleuve une sorte de torrent, l'un des plus impétueux et des plus redoutables du royaume.

Parvenu aux confins des départements de l'Ain et de l'Isère, entre des bords peu élevés, il couvre souvent des plaines immenses qu'il change en plages arides, en îles ou îlots, en *brotteaux*, suivant l'expression consacrée dans nos contrées; puis, aux approches de Lyon, contenu sur sa rive droite, tantôt par une montagne très escarpée, tantôt par des ouvrages d'art, et franchissant sur sa rive gauche les faibles digues que la nature et l'art ont pu lui opposer, il se forme, en quelque sorte, un second cours dans les champs désolés des communes de Vaux, Villeurbanne et la Guillotière, y interrompt souvent les communi-

cations, et menace sans cesse l'existence de cette dernière commune qu'il a détruite plus d'une fois. Le
nom de *Brotteaux* qu'a conservé sa plaine septentrionale atteste assez les fréquentes visites du fleuve.

La première inondation du Rhône relatée par nos
historiens est celle de 580. Poulin de Lumina l'a
placée en l'an 593. Grégoire de Tours affirme que cette
inondation éclata pendant la cinquième année du règne de Childebert II. Or, ce prince monta sur le trône
en l'an 575, et le fait dont il est question doit être
porté en 580. Nous empruntons à Paradin le récit
textuel qu'il trace de cet événement :

«....... Environ l'automne, commença une pluie
si furieuse, si véhémente et si continuelle, qu'il res-
semblait que le déluge de Noé fût de retour, il plut
vingt jours de suite. On eût dit que toutes les bondes
et cataractes du ciel étaient lâchées. Toutes les terres
labourables et autres, en pays plat, ressemblaient à
une mer, et l'on ne put faire aucunes semailles. Le
Rhône et la Saône furent tellement enflés, qu'oubliant
leurs marcs et canaux, ils couvrirent cette partie de
la cité de Lyon, qui se trouve entre les deux rivières,
de telle sorte, qu'il fallut que le peuple habitant en
ces endroits se sauvât à Fourvières, St-Just, St-Sé-
bastien et autres lieux, par les collines. Tous abandonnèrent leurs biens à la miséricorde des eaux qui
flottaient par dessus les ponts, et, en quelques endroits, par dessus les maisons basses. Et l'on pouvait
dire que les poissons nageaient sur les saules et plusieurs autres arbres où les oiseaux se soulaient per-
cher. Les bateaux étaient conduits parmi les rues,

comme par le fil de l'eau, et les bateliers entraient dans les maisons par les fenêtres. Ce ravage d'eau fut si violent, que les murailles de la cité qui touchaient la partie du Rhône et de la Saône furent ruées par terre, quoiqu'elle fussent de forte matière. Je laisse à penser si les maisons eurent à souffrir. Lorsque les eaux furent retirées, on trouva les caves et les maisons si pleines de vase et de boue, qu'on ne les pouvait vider, sinon avec frais inestimables. »

La chronique ajoute que cette inondation fut suivie d'un miracle, car la pluie ayant cessé, les arbres refleurirent au mois de septembre comme aux premiers jours du printemps.

Le pont du Rhône fut témoin, en 1190, d'un autre événement. Philippe II, surnommé *Auguste*, après avoir chassé les Juifs de la France, où ils étaient maîtres du peu de commerce qui s'y faisait alors, leur situation politique les forçant à être industrieux ; après avoir exterminé des bandits nommés *Brabançons*, après avoir vaincu le roi d'Angleterre qui possédait la moitié de la France, il se croisa avec le successeur de ce roi, Richard Cœur-de-Lion, pour reprendre Jérusalem sur le fameux Saladin. Ces deux princes vinrent à Lyon, sous l'archevêque Burchard, pour entreprendre de là leur voyage à la Terre-Sainte. Ces deux rois venaient de séjourner en Bourgogne pendant les octaves de St-Jean-Baptiste ; l'historien Mathieu Paris raconte que le monarque breton y avait pris solennellement le costume de pèlerin ; ils traversèrent le pont de bois de la Guillotière, qui était sans aucun doute dans un grand état de vestuté, avec leur suite et grand nombre d'autres personnes qui voulurent accompagner ces deux rois dans leur pieux voyage. A peine Richard et Philippe-Auguste eurent mis le pied sur le sol que le pont se rompit. Beaucoup de personnes furent noyées, et Richard y perdit un de ses meilleurs serviteurs. Tristement affecté de cet événement, il donna l'autorisation aux religieux qui avaient la direction du pont, d'aller quêter en Angleterre pour sa reconstruction, et pour l'entretien de l'hospice où les blessés qui furent sauvés de ce désastre trouvèrent des secours. Il leur remit également des lettres écrites de sa royale main, qu'il adressa à tous les ecclésiastiques de son royaume, ainsi qu'aux principaux seigneurs de sa cour, à l'effet de leur faire obtenir les secours dont ils auraient besoin. Ce fut l'origine de la fondation du pont de la Guillotière actuel.

Un demi-siècle après le passage de Richard et de Philippe-Auguste, vers l'an 1245, on commença les travaux pour reconstruire le pont du Rhône en pierre. Les auteurs varient encore pour savoir celui qui y mit le premier la main, et on attribue généralement cet honneur à Innocent IV. Paradin prétend que c'est un simple berger, nommé Benot ou Benezet, qui le fit bâtir, ce serait pour lors le même qui fit construire celui d'Avignon; Antoine Bourgerol a une opinion conforme à celle de Paradin, car dans son *Raccourcy* de l'histoire de Lyon, il s'exprime de la manière suivante :

. . . .
Mais il faut, en passant, admirer sur le Rhosne
Le pont d'un bergerot, et duquel je m'estonne:

Il était d'Almillat, de l'âge de douze ans,
Lorsqu'une voix du ciel lui dit en l'estonnant :
» Quitte là tes brebis, observe ma parole,
» Fais sur le Rhosne un pont qui lui serve de pole. »
Cela dit, il s'en va du costé d'Avignon,
Rencontrant en chemin un sage compagnon,
Qui, par un coup divin, lui désigna la place,
Et, le quittant après, le baisa sur la face.
Cet enfant resté seul, nonobstant le mespris,
Vint à bout du dessein qu'il avait entrepris,
Et, sachant que Lyon demandait son courage,
I'y bastit un pont pour le mesme passage.

· · · · · · · · · · · · · · · ·

Benezet n'était pas un *bergerot* simple et ignorant, c'était au contraire un des chefs de la Congrégation des Frères pontifes, voués à la construction et à l'entretien des ponts, aux soins et à la défense des voyageurs. Cet ordre existant vers cette époque aux environs d'Avignon, et possédant la maison du Bon-Pas, sur la Durance ; comme on le voit, il n'y aurait rien d'extraordinaire que ce fût le frère Benezet qui eût donné les plans et commencé le pont de la Guillotière. Celui d'Avignon fut commencé en 1177, et terminé onze ans après : il avait mille neuf cent quarante-sept mètres de long, et vingt-deux arches, il était aussi étroit que celui construit à Lyon, puisqu'il ne pouvait donner passage qu'aux hommes à pied ou à cheval. Nous ferons seulement remarquer que Benezet avait quatre-vingts ans lorsque les travaux du pont du Rhône durent être commencés.

Si Innocent IV n'est pas le véritable fondateur du pont, il y contribua néanmoins avec beaucoup de zèle pendant son séjour à Lyon (de 1245 à 1251), où il était venu résider lors de ses querelles avec l'empereur Frédéric.

Papire Masson, dans sa description des fleuves de France, appuie cette assertion sur l'inscription gothique qu'on lisait autrefois sur une tour de ce pont ; mais aucune preuve dans l'histoire n'établit qu'il en posa la première pierre, à moins qu'on prenne à la lettre ce jeu de mots qui se trouvait dans l'inscription citée par Papire Masson, la voici :

PONTEM PETRARUM CONSTRUXIT PONS ANIMARUM,

c'est-à-dire : *Celui qui est le pont des ames a construit ce pont de pierre.*

Innocent IV accorda des indulgences d'un an et quarante jours, à tous ceux qui contribueraient, soit par le travail ou par des dons, à cet ouvrage. Aussitôt on vit accourir un grand nombre d'ouvriers qui, dans l'espoir de gagner le paradis, vinrent se mettre à l'œuvre, on y vit accourir non-seulement des Lyonnais, mais encore des habitants des provinces voisines.

Les gens riches avaient toujours dans leurs testaments un article réservé pour cet ouvrage : Guy, comte de Forez, avant de partir pour la croisade fit son testament comme c'était l'usage, et laissa *cent sols* pour cet objet. Un chanoine de Montbrison, Clément Rosset, laissa, en 1294, *pour une fois, dix sols Viennois* ; en 1388, un citoyen de Lyon, Aymar de Nivière laissa en mourant tous ses biens à la fabrique du pont du Rhône.

Les travaux ne furent pas poussés avec la même

activité qu'ils avaient été commencés. Les donations
se ralentirent ; des sommes énormes furent employées
à d'autres usages. Il était de l'intérêt de ceux à qui la
direction de l'entreprise avait été confiée, que cette
source ne tarît pas de si tôt ; à cet effet, la construction
avançait lentement, à tel point que le pont, avant
d'être terminé, menaçait déjà ruine ; ce reproche fut
fait aux abbés de Chassagne qui en avait la direction,
par Jean XXII, dans une bulle datée de 1318 ; il y
commet les consuls de la ville pour recevoir les biens
destinés au pont, et veut que la direction de la fabrique soit confiée à des prud'hommes, dont deux devaient être nommés par les consuls, et un par l'archevêque, avec l'obligation de rendre leurs comptes
tous les ans.

Sur les remontrances du consulat, qui avait exposé au pape Clément VII que le pont du Rhône
avait besoin de réparations, pour lesquelles le concours des fidèles était nécessaire, ce pape, par une
bulle datée de Villeneuve-lès-Avignon, le 15 des ca-
lendes de novembre 1384, l'an 6 de son pontificat, avait
autorisé l'abbé d'Ainay à accorder une grande faveur
aux personnes qui, dans un certain temps, entre-
raient dans la confrérie du St-Esprit, que les consuls
et la commune de Lyon se proposaient de fonder,
et qui auraient contribué aux réparations. Leur con-
fesseur pourra leur accorder une seule fois, et seulement à l'article de la mort, l'absolution de tous leurs
péchés, etc. — En conséquence, l'abbé Adam (Dumont), assisté de Jean (de Talaru), archevêque et
comte de Lyon, Primat des Gaules, de notables ecclé-

siastiques, des professeurs de théologie, de droit civil et canon ; et des consuls représentant la ville de Lyon, considérant la pauvreté qui, par le malheur du temps, accable beaucoup de fidèles, arrête que celui qui sera reçu dans la confrérie en question, paiera chacune des quatre années qui suivront sa réception ; six gros d'argent tournois, monnaie courante en France, desquels seize valent un franc d'or (1).

Une chapelle fut construite à l'une des extrémités du pont, sans doute pour la confrérie dont nous venons de parler ; des religieux pour la desservir y furent également attachés. Elle était dédiée à St. Nicolas. Un registre de l'Hôtel-de-Ville de Lyon nous apprend qu'en 1379, François Michon et Françoise d'Archier furent condamnés à payer les arrérages d'une rente de vingt-cinq lampes d'huile due chaque année à cette chapelle, pour une maison qu'ils possédaient à Bourgchanin.

Un péage fut établi de bonne heure pour l'entretien du pont. Les abbés de Chassagne en furent les premiers propriétaires ; mais le prix en était tellement médiocre qu'ils abandonnèrent tous leurs droits aux échevins, à condition que leurs religieux et les gens de l'abbaye seraient exempts du péage.

L'archevêque prétendait avoir le droit (1393) de lever tous les ans, depuis la fête de St-Jean-Baptiste (24 juin) jusqu'à la fête de St-Julien (28 août), un péage nommé le péage du Pont du Rhône. « Assavoir » pour chacune beste chargée de bled ou de fruits,

(1) *Nouvelles archives du Rhône*, tome I, page 159.

2

» qui entroit en la cité, un *copon* des dits grains ou
» du plus le plus et du peu le peu. » Un arrêt de la
cour de Paris, de l'an 1493, supprima ce péage. —
Mais, dit Paradin, feu M. le président Bellièvre, qui
l'avait extrait des archives de la ville, l'annota de ces
mots en marge : « Cet arrêt n'est pas à fond de cuve,
et crede quod aliter fuit judicatum : nam audio quod
hoc pedagium levatur. » M. de Bellièvre écrivit à la
page suivante : « Sont exempts les citoyens du péage
de *Bechevillain*, mais des autres, non. » Paradin
ajoute (1) : « Du péage qui se lève à la porte du pont
du Rhône et ès autres portes et entrées de la ville de
Lyon, ne sont exempts les dits citoyens, sauf du vin
de leur crû ou de celui qu'ils achètent pour leur usage ; le tout par accord fait, en l'an 1395, au traité
de deux conseillers qui furent envoyés à Lyon pour
faire enqueste sur les différents qui lors estoyent entre
l'archevesque, le chapitre et certains autres d'une
part, et la ville d'autre part. »

A la suite du pont une route avait été établie, des
hôtelleries pour les voyageurs furent élevées sur ses
bords ; plus tard, l'industrie et le commerce y firent
élever des habitations plus nombreuses, des ouvriers
vinrent loger près de ces fabriques, et cette agglomération d'individus et d'habitations situées dans le
mandement de Bechevelin fut le commencement de
la ville actuelle.

(1) *Histoire de Lyon*, page 177.

CHAPITRE II.

Les comtes de Savoie. — Guerres, au sujet de la Guillotière, entre le Lyonnais et le Dauphiné. — Restes des anciens retranchements de Bechevelin. — Foire de la Pentecôte. — Le cheval fol. — Louis XI. — Délimitation du mandement de Bechevelin par Tindo. — Charles VIII. — Tournoi entre Bayard et le sire Claude de Vaudray. — Inondations. — Louis
XII. — Château de La Mothe. — Le cardinal Caraffa. — Marie de Médicis.
— Harangue faite à cette princesse par le prévôt des maréchaux.

Les comtes de Savoie possédaient plusieurs terres
dans le Dauphiné, entre autres la terre de Chandieu
dont il leur fut fait hommage en 1241 ; ce mandement s'étendait depuis les fourches Falavier, près de
la Verpillière, jusqu'au pont du Rhône, et comprenait
ainsi le mandement de Bechevelin qui, d'après les
historiens de Lyon, « relevait, même de l'aveu des
évêques et archevêques de Lyon, de l'empire, puisque
l'empereur Frédéric confirma à Héraclée, alors archevêque de Lyon, la souveraineté du droit de justice
dont il était déjà revêtu ; qu'il était de la mouvance des
ducs de Savoie et ensuite des princes Dauphins ; qu'il
s'étend jusqu'au pont du Rhône, même dans la rivière,
aussi avant qu'un homme peut pousser une lance à
cheval. »

Le Dauphiné a soutenu longtemps des prétentions
sur ce faubourg, parce qu'il est situé du côté du
Rhône qui dépendait de cette province. Ces préten-

tions occasionnèrent souvent des guerres entre les
Lyonnais et les Viennois. Les archevêques et les cha-
pitres de Vienne et de Lyon favorisèrent même ces
expéditions de l'un et de l'autre côté du Rhône. L'histoire du Dauphiné fait mention d'une de ces errup-
tions arrivée en l'année 1297, dans laquelle un archi-
diacre de Vienne ayant été fait prisonnier, fut obligé
de payer chèrement sa rançon. En 1314, les deux
églises levèrent des armées et formèrent des alliances
l'une contre l'autre. Les Lyonnais pillèrent le village
de St-Clair, et les Viennois ravagèrent les vignes de
Condrieu, la paix ne fut faite que par l'entremise du
Dauphin. Cependant la guerre recommença en 1328;
le roi Philippe de Valois s'étant déclaré pour le
Lyonnais, les Viennois furent forcés de demander la
paix.

On voit encore, à peu de distance de St-Alban, de
grands fossés très larges et assez profonds, qui rè-
gnent sur une largeur d'une centaine de toises. On les
appelle communément les fossés ou terreaux des Turcs,
et l'on assure qu'ils s'étendaient du coteau de Parilly
jusqu'au Rhône. Ces fossés remontent à une époque
ancienne, et ne doivent leur existence qu'à des événements militaires; il en est fait mention dans un
acte de traité du 24 août 1449, sur la délimitation
des juridictions de la Guillotière et de St-Symphorien
d'Ozon, et dans le procès-verbal du commissaire
Tindo, du 17 septembre 1479, comme étant suivant
la tradition, l'ouvrage d'un *ost ou armée de Sarrasins, pour s'y retirer ou fortifier.*

Il y a lieu de croire que ces fossés furent ouverts

vers le XIIIe ou le XIVe siècle, à l'occasion des démê-
lés qui se manifestèrent à cette époque au sujet du
mandement de Bechevelin. Ces retranchements couvraient le débouché de Vénissieu, et ne permettaient
pas de violer facilement le territoire. Cette conjecture
paraît d'autant plus probable, que ces fossés sont indiqués, dans les anciens plans, comme limites entre
la Guillotière et Vénissieu, et qu'ils répondaient à
une borne énorme en pierre, découverte à l'ouest du
grand chemin de Lyon à Vienne.

On trouva même auprès de cette pierre des ruines
d'anciens bâtiments, des débris de tuiles à rebords.
On a aussi recouvré des médailles et déterré des tombeaux. La tradition veut encore qu'il y eut dans cet
emplacement un village appelé *Bussille ;* mais comme
aucun titre, aucun monument ne viennent à l'appui
de cette assertion, il est plus naturel de penser qu'il
y avait sur ce local quelques fortifications qui se
liaient avec les retranchements dont nous avons parlé,
et pouvaient servir à la défense du mandement de
Bechevelin (1) aujourd'hui la Guillotière.

Il se tenait tous les ans, aux fêtes de la Pentecôte,
près du pont de la Guillotière, une foire dont voici
l'origine. En 1403, sous Charles VI, une sédition,
causée par la cherté des grains, éclata dans la ville
de Lyon. Les quartiers de Bourgchanin et du pont
du Rhône furent les seuls qui restèrent dans le devoir par les soins et la vigilance d'Humbert de Varey,
abbé d'Ainay, seigneur haut-justicier de ces deux

---

(1) *Archives du Rhône,* tome I.

quartiers. Cet abbé, en action de grace, fit bâtir une chapelle consacrée au St-Esprit, sur le pont du Rhône, et fonda, aidé des consuls, une confrérie qui prit pour son jour de solennité la fête de la Pentecôte. Pour la rendre plus solennelle, on l'accompagna d'un spectacle réjouissant pour le peuple. Un homme portant à sa ceinture un mannequin en forme de cheval, recouvert d'un vaste caparaçon qui cachait ses deux jambes, deux autres jambes postiches semblaient enfourcher le cheval. Le cavalier était vêtu d'ornements royaux, il portait sur sa tête une perruque avec une couronne dessus, et tenait un sceptre à la main ; dans cet accoutrement il parcourait la ville dans tous les sens, amusant le peuple par ses sauts et ses gambades. C'est de cette manière qu'on prétendait tourner en ridicule les séditieux ; et comme une foule immense se rendait au lieu où cette fête commençait ou venait expirer, les marchands en profitèrent pour établir une foire, qui a survécu pendant quelque temps au *cheval fol*. Les vers suivants furent faits à ce sujet vers la fin du XVI° siècle :

> Quant au cheval fol, qui sautille et qui danse,
> Qui, au son du haubois, cabriole en cadence,
> C'est en dérision de ces fols mutinés
> Qui, comme chevaux fols, couraient parmi la ville,
> Voulant, à qui mieux mieux, paraître plus habile
> A s'enrichir des biens qu'ils avaient butinés.

Le 24 mars 1475 (vieux style), le roi Louis XI coucha dans une petite maison située en face de la route de Vienne. Colonia dit à ce sujet : « Une arcade du pont du Rhône ayant été rompue par la violence des

eaux , et ce fleuve étant fort gros , Louis XI , qui reve-
nait du Dauphiné , fut obligé de passer la nuit dans
le faubourg de la Guillotière, avec toute sa cour ; le
maître de la maison où le monarque logea , voulut
perpétuer la mémoire de l'honneur qu'il avait reçu ,
en plaçant sur la face de sa maison un petit monument , qui représente deux anges portant l'écusson de
la France , avec cette inscription :

L'AN M. CCCC LXXV LOUIA CIENS LE NOBLE ROY LOUYS
LA VEILLE DE NOSTRE-DAME DE MARS,

Cette inscription a entièrement disparu depuis une
quarantaine d'années. La maison où coucha Louis XI
est connue de nos jours sous le nom de l'*Hôtel de la
Table-Ronde* (1).

C'est pendant ce court séjour à la Guillotière que ce
roi, qui opprima le peuple et abaissa les grands , engagea adroitement son oncle Réné , roi de Sicile et
comte de Provence , à venir le trouver à Lyon, et ce
fut dans la longue entrevue qu'ils eurent ensemble ,
que Louis XI se ménagea heureusement la réunion de
la Provence et de l'Anjou à sa couronne.

Les habitants profitèrent du séjour de Louis XI pour
faire des réclamations au sujet des énormes droits qui

(1) M. Christophe Crépet, architecte-voyer de la Guillotière, dans la *Notice historique et topographique* qu'il vient de publier sur cette commune,
fait loger dans cette maison, en 1475, saint Louis revenant de la Terre-
Sainte. Nous n'avons nullement la prétention d'apprendre l'histoire à M. Crépet, qui est membre de plusieurs sociétés savantes ; mais nous lui ferons
seulement observer que saint Louis est mort le 25 août 1270.

pesaient sur eux. Louis XI ordonna la délimitation de la Guillotière. Un de ses conseillers, Tindo, fut chargé de ce travail. Tous les officiers du parlement de Grenoble et du présidial de Lyon, le cardinal de Bourbon, alors archevêque de Lyon, et les notables habitants de la Guillotière, assistèrent à cette opération qui fut commencée le 13 août 1479, dans la rue de la Croix, à l'hôtel de l'Écu de France, et terminée le 23 septembre de la même année. Nous croyons devoir donner ce document, qui fixe d'une manière irrévocable les limites de la Guillotière, et fait connaître son importance à cette époque :

« Lesquels et chacun d'eux, sur ce par nous particulièrement interrogés, nous dirent et déposèrent d'un commun dire et accord, que le dit *lac Doysel* était le commencement des limites et departie de la dite terre, châtellenie et seigneurie de Bechevillain et du pays du Dauphiné, en tirant au dit *lac Doysel* à l'endroit de certains fossés anciens qui viennent frapper jusques au dit lac à travers du Rhône, à certaine vieille muraille, où se trouvait avoir une grange, comme on dit, laquelle grange on appelait la grange de Marignoldes, qui était des appartenances de l'hôpital Sainte-Catherine de Lyon, et aussi tirant entre ces deux justices ou fourches patibulaires de Lyon et de Bresse qui sont entre Rhône et Saône, près l'une de l'autre, et l'une en Lyonnais et l'autre en Bresse.

» Et du dit lac Doysel, nous transportâmes, en la présence de tous les susdits, tirant tout droit au lieu appelé le Moncelet, qui est une petite motte de terre, étant joignant au chemin par lequel on va de Lyon à *Ville-Urbane*.

» Et du dit lieu de Moncelet, nous transportâmes, en tirant tout droit à un carrefour, où soulait avoir une croix de bois, ainsi que aucuns des susdits ont déposé et avoir vue, où encore appert certaine pierre en terre, où ils disent la dite croix avoir été autrefois plantée et affichée, vulgairement appelée la *Croix de Symandre*.

• Et du dit carrefour, nous transportâmes, par le chemin par lequel on va de Lyon à Génas, jusques au bois de *Monchal*, et du dit chemin, par un autre petit chemin traversant le haut du dit bois de *Monchal* et tirant au carrefour étant au chemin par lequel on va de Lyon à *Braon*, appelé le dit carrefour le *Rampant-de-Chassaigne*, auquel a une croix de bois étant en un buisson, et d'icelle croix, et chemin tirant tout droit par un vieux chemin, à un autre carrefour, étant au grand chemin par lequel on va de Lyon à Grenoble, le dit carrefour appelé la *Vieille-Morte*, et disaient aucuns des susdits, le dit carrefour ainsi appelé, parce qu'autrefois, fut *ilec* trouvé une femme morte, qui fut enterré sous un monceau de petites pierre étant au dit carrefour.

« Et, dudit carefour, tirant tout droit au lieu appelé les *Tures* ou *Tureaux*, étant près d'icelui carefour qui sont certains grands *fossés* et *fausses* à grands et hauts jets de terre : auquel lieu aucuns des susdits disaient avoir autrefois ouï dire que, au temps passé, avait eu *ilec un ost ou armée de Sarrasins*, et qu'ils avaient fait ces dits fossés pour eux retirer et fortifier.

» Et, des dits Tures ou Tureaux, en tirant au long
un grand chemin par où l'on va de Lyon à Vienne, et
par le dit grand chemin depuis le bout des dits fossés,
nous transportâmes jusqu'à une croix de bois, qui est
à un carrefour appelé *la Croix-de-Saint-Fonds*, au droit
de laquelle croix passe, au travers du dit grand chemin
d'entre Lyon et Vienne, un autre petit chemin appelé
la Voie Bouveresse, qui descend de la dite Croix-Saint-
Fonds aux isles du Rhône.

» Et, par laquelle voie Bouveresse, nous transportâmes jusques esdites isles, et par icelles isles jusqu'à
l'eau du fleuve du Rhône, à l'entrée desquelles isles
se finit et défaut le petit chemin ou voie Bouveresse.

» Mais tous ces dessus-dits disaient que la *terre et
châtellenie de Bechevillain* s'étendait en tirant tout
droit de la dite voie Bouveresse au travers des dites isles
du fleuve du Rhône, au droit d'une grosse pierre ou
rocher, qui est outre le dit Rhône, du côté du rauyaume
qu'on appelle *Pierre Béneste*.

» Disant outre tous ces dessus nommés et chacun
d'eux que les dits lieux, chemins et carrefours par lesquels nous étions ainsi transportés, étaient les vraies
limites et départie de ladite *châtellenie et seigneurie de
Bechevillain* et du Dauphiné. »

Parmi les fêtes qui furent données pendant le séjour
de Charles VIII à Lyon, en 1491, on remarqua le tournoi qui eut lieu à la Guillotière, non loin du château
des Tournelles, entre Bayard et le sire Claude de
Vaudray, un des plus célèbres jouteurs de cette
époque.

Le tournoi s'ouvrit un lundi du mois de juillet 1591,

au nom du roi. Le sire de Vaudray parut le premier
dans la lice, le sénéchal Galliot de Genouillac, Bonne-
val, Chatillon, Bourdillon, Saudricourt de Hedouville
s'exercèrent successivement contre le sire de Vaudray,
qui, jusque-là, était le vainqueur.

Bayard parut après tous les favoris de Charles VIII.
Bayard, à peine âgé de 18 ans, avait, pour son coup
d'essai, affaire à un des plus rudes jouteurs. Cependant
il déploya plus d'adresse et de courage, soit à pied soit
à cheval, qu'aucun des combattants. Aussi, les dames
de Lyon qui assistaient en grand nombre à cette solennité, en voyant ce jeune champion d'un extérieur
si peu viril triompher des plus adroits chevaliers,
dirent en leur naïf langage : *Vey-vo cestou malotru, il
a mieux fay que tous les autres.* (Voyez-vous ce malotru, il a mieux fait que tous les autres.)

Plusieurs historiens ont prétendu que ce tournoi
avait eu lieu dans la rue Grenette; cependant un acte
consulaire de 1495 a établi ce fait d'une manière
positive. On suppose que les rues Bayard et de
Vaudray ont été bâties sur l'emplacement où ce tournoi fut donné.

En 1501, une crue du Rhône emporta l'avant-
dernière arche du pont, du côté de la Guillotière.
Elle fut reconstruite de suite, mais elle ne dura pas
longtemps; une autre irruption, l'une des plus désastreuses dont l'histoire ait conservé le souvenir, commença le 2 décembre 1510, à onze heures du soir,
et fit écrouler trois arcades. La Guillotière fut presque
entièrement détruite par cette inondation. L'année
suivante les eaux vinrent encore ravager le faubourg

Louis XII vint à plusieurs reprises à Lyon, où il fut toujours reçu avec une grande pompe, surtout en 1507, son entrée solennelle fut très remarquable, et surpassa, au dire des historiens, tout ce qu'on avait vu jusqu'alors. On dressa des théâtres sur les places publiques, où des personnages allégoriques, sous différents costumes, représentaient les vertus des rois et le zèle des habitants (1), c'était *la Justice, la Force, la Prudence, la Vaillance, le Bon-Conseil, le Noble Vouloir, l'Ardent Désir, la Noblesse, la France*, qui faisaient des compliments, récitait des vers et des sentences en l'honneur du roi.

Le 18 mai, à son retour de la conquête de Gênes, le roi arriva à Lyon par la porte du pont du Rhône. Voici quelques couplets qui lui furent récités, nous ne les citons que pour faire juger du *bon goût* de l'époque :

PRUDENCE.

Par ton renom très haut et glorieux,
Et la victoire tant grande et excellente,
Par moy, Prudence, ce chapeau gracieux,
De beaux lauriers de ma part te présente.

DILIGENCE.

De le louer je ne veux être exempte,
Moy, Diligence, pour ton noble loyer ;
Car surtout, prince, à cette heure présente,
A mérité ce chapeau de lauriers.

VAILLANCE.

Et moy, Vaillance, ne te veux oublier,
Comme puissant chacun te loue et prise ;
Pour ta victoire dois être l'héritier
De ce chapeau de royale entreprise.

. . . .

. . . .

(1) Fortis, *Voyage à Lyon.*

LE PRINCE.

Je vous mercye de la votre devise,
Dames d'honneur et d'œuvre méritoire;
Quand par vous ay si noble chose acquise,
C'est le chapeau de haultaine victoire.

A son retour d'Italie, en 1509, Louis XII fit élever
sur le pont une colonne en l'honneur de la victoire
qu'il venait de remporter à Aignadel, sur les Véni-
tiens ; les Lyonnais firent mettre sur cette colonne
l'inscription suivante :

Lug. XII. Franc. Rex ex venetis
victoriam reportans. P. C.
ann. 1509.

Pendant les guerres de religion ce monument fut
détruit.

L'ancien château de la Mothe, transformé aujour-
d'hui en position fortifiée, est situé à l'extrémité méridionale de la Guillotière, tout près de la grande
route de Lyon à Marseille. Mothe veut dire petit monticule ; en effet, ce château est bâti sur une petite émi-
nence isolée des autres habitations. On ne connaît pas
la date précise de sa construction, on sait seulement
qu'il était déjà décoré du titre de fief au commencement du XVIᵉ siècle, et qu'il appartenait à la maison
de Villeneuve, l'une des plus considérées de la province. Charles de Villeneuve, seigneur et baron de
Joux, le vendit par acte du 22 octobre 1530, au prix
de 7,800 fr. à Mᵉ Hugues Dupuy, procureur général de
l'archevêché de Lyon, ensuite lieutenant particulier
en la sénéchaussée de la même ville, et conseiller-

échevin en 1537 et 1538. Ce magistrat, qui s'était plu à embellir le château, se qualifiait (1554) seigneur de la Mothe. De son mariage avec Catherine Barbin, il n'eut qu'une fille unique, Marie Dupuy, qui épousa Jean de Lucarnier, et lui porta en dot le fief de la Mothe. Cette alliance produisit deux filles, Marie de Lucarnier, femme de François de Platel, seigneur et baron de Vaux, et Françoise de Lucarnier, mariée à Christophe de Bourdon, sieur de Malleval et de Chazottes.

Les deux sœurs partagèrent entre elles le fief de la Mothe, par acte du 18 août 1602; les enfants de Françoise, qui étaient au nombre de neuf, vendirent, le 26 mai 1626, la moitié dévolue à leur mère, moyennant 9,000 fr., à noble Henri Cabon, sieur de la Griffonière, bourgeois de Lyon, et échevin de cette ville en 1616 et 1617.

Après la mort de François de Platel, le fief de la Mothe, déjà divisé en deux lots, fut encore subdivisé d'une telle façon, qu'il l'était en vingt parties vers le milieu du XVIIᵉ siècle.

Deux petites-filles de François de Platel ayant pris le voile dans le monastère de Ste-Elisabeth de Bellecour, cédèrent à leur communauté les droits qu'elles avaient sur le ténement de la Mothe; Marguerite Chauvet, veuve de noble Claude de Platel, leur abandonna aussi les siens; enfin, les religieuses étant parvenues à réunir dans leurs mains quatorze portions de cette propriété, résolurent d'acheter les six qui restaient. Jacques de Laube, seigneur de Bron, les leur vendit, par acte du 2 mai 1687, au prix de 15,000 fr. et

vingt louis d'or d'étrennes. Par ce contrat, les religieuses de Ste-Elisabeth devinrent propriétaires en entier du fief de la Mothe. Leur maison ayant été sup-
primée en 1745, et réunie au couvent de Ste-Elisabeth
des deux Amants, le château passa dans la possession
du nouveau monastère, et il lui est demeuré jusqu'à
la révolution, époque où il fut vendu comme bien
national (1).

Le cardinal Caraffa, neveu et légat du pape Paul IV,
vint en France en l'année 1556, pour porter au roi
Henri II une épée bénite; ce prélat séjourna plusieurs
jours au château de la Mothe pour y attendre les préparatifs de sa réception. Cette cérémonie eut lieu avec
beaucoup d'éclat, le 6 juin. On peignit à la fresque,
dans la galerie du château, les honneurs rendus à ce
prélat.

Le 2 décembre 1600, Marie de Médicis arriva à la
Guillotière. Elle ne voulut pas habiter le château de
la Mothe, où elle n'aurait pu s'entourer de sa suite;
elle passa la nuit dans une maison près du pont. Le
lendemain, la reine vint entendre la messe dans la
chapelle de la Mothe et dîna au château. Un vaste
théâtre, couvert et paré de riches tentures, avait été
construit devant la façade; un trône s'élevait au milieu. C'est sur ce trône que Marie de Médicis reçut les
hommages de tous les corps de la ville; le clergé seul
lui parla debout. Elle fit son entrée solennelle le
même jour à Lyon, et vint loger au palais de l'Archevêché. C'est là que fut célébré son mariage avec

---

(1) Cochard, *Notice sur le château de La Mothe.*

Henri IV, et non à la Mothe, ainsi que l'ont prétendu plusieurs historiens. Parmi les harangues prononcées à l'occasion de cette entrée solennelle ; on remarque la suivante, elle est du sieur Thomé, prévôt des maréchaux.

« Madame, la conjonction de la lune avec le soleil, forme l'éclipse obscurcissement de l'univers. Vous, Madame, jointe avec ce grand soleil de tous les princes de ce monde, par effet différent rendez à la France sa première splendeur, et ne lui reste pour comble de ses félicités que de cueillir le fruit des lys entés, seul antidote et préservatif de nos maux à venir. Dieu en hâte l'heure, et nous conserve ces astres jumeaux. »

CHAPITRE III.

Le couvent des Picpus. — Le père Grégoire. — L'église St-Michel. — Philippe Villemot. — L'église de la Guillotière dépendante de celle de Villeurbanne. — Louis XIII. — Premiers droits établis. — La peste à la
Guillotière. — Faits divers. — Réparations au pont. — Élargissement. —
Guillaume Rey. — Fête de St-Denis-de-Bron. — Événement de 1711. —
Récit emprunté à un témoin oculaire. — M. de Montazet. — Les Brandons. — Les Repentirs. — La Chevauchée de l'âne.

Les religieux du tiers-ordre de St-François, appelés
Picpus, furent établis à la Guillotière en 1606 ; ils possédaient dans leur couvent deux fameux globes, de
six pieds de diamètre, tracés, fabriqués et peints par
un religieux de cet ordre, nommé Henri Marchand,
connu sous le nom de Père Grégoire, né à Lyon le
20 avril 1674. Henri Marchand développa de bonne
heure le talent le plus décidé pour les mathématiques;
il fut surpris, pendant son noviciat, par le Père maître, lisant le traité des *sinus* et des *tangentes*. Le Père
maître, qui n'était pas géomètre, cria au scandale, et
fut le dénoncer au chapitre comme s'adonnant à des
lectures indécentes.

Le Père Grégoire fut employé plusieurs fois par ordre du roi. C'est lui qui a vérifié et orienté le plan de
la ville de Lyon, levé par Seraucourt en 1740. L'académie de Lyon mit le Père Grégoire au nombre de ses
associés ; mais sa modestie l'empêcha d'assister aux

3

séances de cette société savante, et il se contentait d'y
envoyer de temps à autre quelques tributs scientifi-
ques. Ses contemporains ont assuré qu'il avait trouvé
le secret avec lequel le savant Fernel rendit Catherine
de Médicis féconde, et qu'un de ses amis, auquel il
l'avait confié, l'employa avec succès pour rendre mère
son épouse qui n'avait pu le devenir depuis vingt ans
de mariage. Le Père Grégoire est mort à Marseille,
le 1ᵉʳ janvier 1750. Ses deux globes, dont nous avons
parlé plus haut, furent transportés à la Bibliothèque
de Lyon en 1790.

La chapelle des Picpus, construite en 1626, occupait le même emplacement qu'occupe de nos jours
l'église paroissiale de la Guillotière, sous le vocable de
Notre-Dame-de-St-Louis.

L'église paroissiale de la Guillotière était alors (1615)
sous le vocable de St-Michel. Elle était située sur la
place de la Croix, aujourd'hui du Marché-aux-Grains;
le chevalier d'Ossaris la fit agrandir en 1619. Un cimetière attenait à cette église et occupait l'angle que
forment les rues d'Ossaris et d'Enfer à leur embran-
chement; la croix qui est élevée sur cette place était
sur le champ de repos. St-Michel a servi de paroisse
jusqu'en 1801, et fut démoli l'année suivante.

Parmi les curés que cette église a possédés, on remarque surtout Philippe Villemot, astronome et
mathématicien distingué, né à Châlon-sur-Saône,
en 1651; il a publié, avec beaucoup de succès, un
ouvrage intitulé : *Explication du mouvement des
planètes*, imprimé en 1707. Malézieu l'attaqua.
Le médecin Rey, guillotin célèbre, dont nous par-

lerons plus loin, le défendit, et Camille Falconnet le traduisit en latin. Villemot, qui fut un des fondateurs de l'académie de Lyon, avait un goût tellement prononcé pour les mathématiques, qu'à la vue de quelque chose de beau, comme à la lecture d'un morceau éloquent, de prose ou de poésie, il s'écriait : *Cela est beau comme une équation.* Villemot est mort à Paris en 1715.

Il n'y a pas deux siècles, la Guillotière était, à l'égard du spirituel, une dépendance de Villeurbanne. Une ordonnance de l'archevêque de Lyon, du 7 janvier 1678, annonce positivement que l'église de Villeurbanne était anciennement l'*église matrice et principale* de la Guillotière, et dans la suite elle devint annexe de celle bâtie dans le faubourg lorsqu'il se peupla.

Louis XIII, revenant du Languedoc, où il avait réduit les protestants, par la prise de Montpellier, à accepter les conditions qu'il leur offrait, arriva à la Guillotière le 6 décembre 1622. La Reine-mère s'y était également rendue quelque temps auparavant, à son retour des eaux de Pougues, accompagnée du surintendant de sa maison, Richelieu, alors évêque de Luçon. La Reine régnante était aussi venue les joindre. Il fut résolu de faire une entrée solennelle à LL. MM.; le jour en fut fixé au dimanche 11 décembre, et le château de la Mothe fut choisi pour le lieu de la réunion et le point de départ.

Dès le 4 novembre, la ville de Lyon avait donné au nommé Hugues Cripier l'entreprise de bâtir un palais et de construire un théâtre à l'entrée de l'enclos de la Mothe, parce qu'on trouvait que le château était trop éloigné de la route, tandis que la position préférée facilitait davantage le déploiement et le mouvement des troupes, et permettait aussi aux curieux de jouir avec plus d'aisance de ce pompeux spectacle, sans avoir à redouter les accidents qui en sont la suite ordinaire. Le théâtre avait 60 pieds de longueur sur 50 de largeur, il était entouré de balustrades, et deux escaliers avaient été pratiqués pour y parvenir, l'un servait à monter, l'autre à descendre. Sur ce théâtre on avait établi une espèce de temple ouvert, au fond duquel était le trône élevé de plusieurs marches. Douze colonnes d'ordre corinthien, supportant une voûte peinte en azur, semée de fleurs de lys d'or, composaient l'architecture de ce monument, qui était surmonté d'un dôme appuyé sur douze autres colonnes d'ordre composite. Les deux fauteuils du trône, ainsi que le dais qui les couvrait, étaient de velours violet, chamarrés de grands passements d'or, ornés de franges et de crépines de même matière. L'intérieur de l'édifice, la voûte et le dôme étaient tapissés d'étoffe de satin bleu, enrichie de grandes fleurs de lys d'or, et le pavé couvert de magnifiques tapis de Turquie.

Le palais, adossé au théâtre, renfermait une grande salle de 60 pieds de longueur sur 30 de large, à laquelle communiquaient deux chambres et deux cabinets; ces diverses pièces étaient meublées avec magnificence.

Ce local étant ainsi disposé, le roi se rendit au château de la Mothe le jour convenu, à huit heures du matin, et reçut bientôt après son arrivée la visite du chapitre primatial. Le monarque monta ensuite sur son trône, ayant autour de lui tous ses grands officiers ; là, il entendit les harangues des autres corps de la ville qui se présentaient successivement. La reine, suivie de toute sa cour, ne vint prendre place que pendant la séance, qui ne se termina qu'après l'heure de midi. Le roi et la reine rentrèrent dans la grande salle pour dîner, et à l'issue de leur repas, ils virent, de dessus l'estrade, défiler en bon ordre toute la milice bourgeoise, dont le nombre se montait à plus de 8 à 9,000 hommes divisés en pennonages, armés et vêtus avec beaucoup d'élégance et de richesse. On se mit en marche après cette parade. Le roi n'entra dans la ville qu'à la nuit close, et il fut conduit à l'Archevêché où il avait choisi sa demeure (1).

Quelques années après l'entrée solennelle de Louis XIII, la Guillotière se créa des ressources pour faire face aux besoins de ses habitants. A cet effet, un tarif des droits fut établi le 12 janvier 1626 ; en voici les articles principaux :

Droit d'entrée sur le pied fourché :

Un bœuf	5 sols » deniers.	
Une vache	2 — 6	—
Un porc	2 — »	—
Un veau	1 — »	—
Un mouton	» — 6	—
Un agneau	» — 5	—

Droit domanial :

Le quintal de fer.	» livre 13 sols 6 deniers.		
Le quintal de quincaillerie. .	» — 18 — »	—	
Le quintal d'acier	1 — » — »	—	

(1) Cochard, *Notice sur le château de La Mothe.*

Droit de détail :

Une ânée de vin vendu à pot. . . . . . 1 livre 8 sols.

En 1671, un autre arrêté fut pris, il était conçu de la manière suivante :

Pour un cheval portant marchandises ou denrées, en entrant à Lyon
par la porte du Rhône . . . . 3 deniers.
Pour une charrette tirée par un cheval . . . . . 9 —
Pour celle tirée par deux chevaux. . . . . . . 12 —
Pour celle attelée de trois chevaux. . . . . . . 18 —

La peste est venue à diverses époques porter ses affreux ravages au sein de la ville de Lyon. Sa première visite eut lieu en 571, la seconde en 1564, la troisième en 1581 et 1582, la quatrième en 1628 et 1629, c'est celle dont nous allons donner un court récit, en ce qui intéresse la localité dont nous avons entrepris l'histoire. Lyon fut encore visité par ce terrible fléau en 1638.

Comme nous l'avons dit, la Guillotière est située sur la route du midi ; elle servait à cette époque de faubourg à Lyon, qui avait trop de rapports avec l'Italie pour ne pas recevoir la contagion que devaient lui transmettre les voyageurs et le commerce. En effet, elle y fut apportée par des soldats venus de cette contrée, à la fin de septembre 1628, lorsque l'automne semblait avoir ramené les beaux jours du printemps (1). Les premiers symptômes de la peste se déclarèrent à Vaux sur un soldat qui en mourut ; de là, elle se propagea à la Guillotière, et se fixa à Lyon.

Le soldat pestiféré qui mourut à Vaux avait été enterré la nuit par ses camarades, dans un jardin, à

_____

(1) Papon, *Traité de la peste.* — Paris, an VII (1800).

deux pieds de terre seulement, et à l'insu du propriétaire. Quelques temps après, la pluie ayant découvert le corps, le maître de la maison le fit enlever et porter au cimetière. Le même jour, ceux qui avaient effectué le transport se trouvèrent atteints de la maladie contagieuse, et avant qu'elle fût reconnue, tous les voisins de la maison l'avaient gagnée.

Aussitôt que cette nouvelle fut parvenue aux oreilles des commissaires de santé, ceux-ci s'empressèrent d'envoyer aux malades plusieurs capucins accompagnés d'un chirurgien, et leur firent tenir tous les vivres nécessaires pour les empêcher de communiquer avec la ville.

Mais l'amour du gain rendit ces précautions inutiles, les habitants de la Guillotière allèrent pendant la nuit prendre des denrées à Vaux, pour les porter le jour aux marchés de Lyon. Le faubourg fut bientôt infecté. Les commissaires firent alors fermer les portes du Rhône, et enjoignirent à tous bateliers des ports qui sont aux environs de la ville, de ne passer personne venant du Dauphiné.

Les portes restèrent fermées cinq jours ; mais la disette se fit sentir parce que, vu certaines défenses du parlement de Bourgogne, d'amener aucun blé à Lyon, le Dauphiné fournissait seul à la ville. Il y eut une espèce d'émeute ; les autorités furent forcées d'ouvrir, et par conséquent livrèrent passage à la maladie (1). La peste fit alors de terribles ravages à Lyon ; on n'est pas tout à fait d'accord sur le nombre des morts, on

(1) *Lyon vu de Fourvières.*

le porte à soixante-dix mille !.. Pendant que cette maladie portait la mort chez la plupart des habitants,
il y en eut beaucoup, dit l'historien Papon, qui se
livrèrent aux mêmes plaisirs qu'auparavant. Plusieurs
se marièrent trois fois. Une femme épousa successivement six maris en peu de temps, et les enterra tous,
sans avoir elle-même pris la peste; ce qui prouve
qu'elle avait un singulier tempérament et un grand
courage. Les cabarets retentissaient tous les jours de
chansons bachiques, et l'on vit des hommes suivre
les tombereaux en chantant......

Par forme de contraste, et pour venger l'humanité,
on vit une femme qui, entendant crier un enfant à la
mamelle, resté seul dans une maison où tout le monde
était mort, alla l'enlever au milieu des cadavres, et
l'emporta chez elle pour le nourrir avec du lait de
chèvre; mais comme il était infecté du venin conta-
gieux, il mourut quelques jours après avec sa bien-
faitrice qui huma le poison. Une autre femme alla
donner à teter à un enfant de même âge, couché à
côté de sa mère morte, et eut le même sort que la
précédente avec son nourrisson. Par pudeur, des
personnes voyant venir leur dernière heure, s'ensove-
lissaient dans un drap pour ne pas être enterrées
toutes nues. Un homme de quatre-vingt-quinze ans,
étant à la campagne, et ayant perdu tous les siens,
creusa lui-même sa fosse, mit sur le bord un peu de
paille, et se coucha de manière qu'en expirant il pût
tomber dedans, sans exposer personne à prendre son
mal, pour l'enlever de sa maison s'il y était mort.

Nous n'avons donné qu'un simple aperçu des scènes

désastreuses dont Lyon et ses faubourgs ont été témoins pendant le séjour de la peste de 1628 et 1629. Nous aurions cru sortir des bornes que nous nous sommes tracées, en nous arrêtant plus longtemps sur cet événement. Ceux de nos lecteurs qui désireraient le connaître plus au long, liront avec intérêt les ouvrages que nous avons cités, où ils trouveront des faits curieux et intéressants.

Sous François 1er, le pont avait encore trois arches en bois du côté de la Guillotière; elles furent emportées par le Rhône, le 2 décembre 1570, et la Guillotière fut presque entièrement détruite par les eaux. On reconstruisit en pierre les trois arches en 1661. Le consulat fit graver à cette occasion une médaille, sur laquelle on voyait, d'un côté, les armes de la ville de Lyon, de Nicolas de Neuville de Villeroy, gouverneur du Lyonnais, etc., et de Camille de Neuville, lieutenant du roi, etc., de l'autre côté, une inscription latine.

Peu de temps après, le pont fut élargi pour faire face à l'accroissement du commerce et au besoin des communications devenues plus fréquentes. Voici de quelle manière Lambert d'Herbigny, qui était alors intendant de la province du Lyonnais, décrit cet élargissement :

« Le pont du Rhône est fort long, ayant vingt arches, et il se rencontre deux choses singulières dans sa construction. Premièrement, ayant été bâti fort étroit, en sorte qu'il n'y avait que le passage d'une charrette, on a élevé tout joignant un autre pont tout semblable; mais dans la suite, pour donner à cette

masse, composée de deux parties, la solidité nécessaire, on a été obligé de faire passer dans toutes les
arcades, d'un côté à l'autre, de grosses barres de fer,
avec des clefs à chaque bout. Secondement, les arches
n'étant pas bien grandes, il arrivait qu'elles se bou-
chaient aisément par le sable que la rivière charrie ;
pour y remédier, un architecte entreprit, il y a près
de trente ans, un coup hardi qui a réussi : des deux
arches près le milieu, il n'en fit qu'une, coupant la
pile du milieu, et grossissant celle des deux côtés. La
ville de Lyon est chargée de l'entretien du pont du
Rhône ; cependant, quand il y a des réparations ex-
traordinaires et grandes, on prend une partie du fonds
par imposition sur la province. »

Le faubourg de la Guillotière vit naître, en 1687,
un savant médecin, Guillaume Rey, auteur d'une dis-
sertation latine sur le *Délire*, 1714 ; sur la *Peste de
Provence*, 1721. On lui doit également une disserta-
tion sur un *nègre-blanc*. Pour expliquer la différence
entre les blancs et les nègres, il supposa la possibilité
de deux *Adam* ; cette opinion lui attira des ennemis.
Il mourut à St-Chaumont, le 10 février 1756.

Comme on a pu le voir, le pont de la Guillotière a
été le théâtre de plusieurs événements. Le plus déplo-
rable est celui arrivé le 11 octobre 1711, nous en
empruntons le récit à un témoin oculaire (1).

« Tous les ans, le dimanche après la fête de St-
Denis, les habitants de Lyon sortent de la ville quand
il fait beau temps, et vont, les uns par dévotion, les

(1) François de Rosset, *Histoires tragiques de notre temps.*

autres, tout ensemble, et par dévotion et pour se pro-
mener dans la campagne et voir la verdure des blés
nouvellement semés à Bron, petit village à une petite
lieue du faubourg de la Guillotière. L'onzième d'octobre de l'année 1711, le ciel paraissant serein et clair,
avec un beau soleil qui luisit tout le jour, il sortit une
multitude innombrable de peuple, bien propre ;
c'était une chose divertissante et agréable à voir, que
ce mélange d'hommes et de femmes de tout âge, de
garçons et de filles, même de petits enfants, qui rem-
plissaient les chemins et se répandaient par troupes
dans les terres, où ils sautaient et bondissaient comme
des agneaux dans les plaines.

» Ce qui facilite encore davantage la sortie du peuple
de la ville, c'est qu'on y conduit ordinairement, tant
de Lyon que du faubourg, du pain et de la viande, et
plusieurs autres choses qu'on y amène, des vins de
toutes sortes des villages voisins, qui se placent, non-
seulement à Bron, mais encore tout le long du chemin, où chacun peut boire et manger selon ses
moyens et sa nécessité.

» Comme ce jour-là était beau, plusieurs personnes, et surtout les jeunes gens, demeurèrent, en
s'en revenant, jusques à la nuit, en se divertissant
chacun à sa manière. Cependant on remarqua que depuis longtemps on n'avait vu retirer le peuple si tran-
quillement et moins pris de vin que cette année-là.

» Un grand nombre de personnes étaient déjà dans
la ville, et les autres y arrivaient continuellement,
quand la nuit commençant à s'approcher, quelques
soldats fermèrent la barrière qui est à l'entrée de la

ville, proche du corps-de-garde, à dessein, dit-on, de faire contribuer ceux qui resteraient le plus tard en arrière, c'est-à-dire, après l'heure ordinaire qu'on a coutume de fermer la porte.

» Le nombre des personnes qui furent arrêtées par cette barrière était très considérable, et s'augmentait toujours par ceux qui arrivaient en foule et à la hâte. Un carrosse qui survint par hasard, et qui ne pouvait passer sans ouvrir cette barrière, fut cause en partie de ce funeste accident ; car dès qu'elle fut ouverte, chacun se pressa d'entrer, mais malheureusement quelques-uns étant tombés, ils ne purent se relever, parce que d'autres arrivant sans cesse tombèrent aussi dessus eux en si grande quantité, qu'il leur fut impossible d'avancer ni de reculer ; d'autres restèrent tout droits, et furent si fort pressés qu'ils ne pouvaient aucunement remuer ni respirer, de telle sorte que de ceux qui étaient tombés et de ceux qui étaient droits, il y en eut près de trois cents d'étouffés.

» On assure, et selon toutes les apparences, que ce coup était prémédité, parce que la barrière demeura longtemps fermée ; et pendant ce temps-là certaines personnes inconnues pillaient et volaient impunément ; les hommes y perdirent leurs chapeaux, perruques, cravates, manchètes et cannes, et leur argent fut pris dans leurs poches avec les montres de ceux qui en avaient ; les femmes y perdirent aussi leurs coëfes, coëfures, chaînes d'or, colliers, bagues et autres joyaux, jusque à leurs tabliers, souliers et jupes.

» On entendait, ce qui fait horreur à dire, des

femmes qui criaient: *au nom de Dieu! sauvez du moins nos pauvres enfants!* d'autres qui présentaient le reste de leurs joyaux, et disaient en versant des torrents de larmes : *sauvez-nous la vie!* Mais ces scélérats, plus durs que le marbre, bien loin de les soulager, leur arrachaient du cou et des mains ce qu'elles avaient, et les assommaient à coups de bourrades et de bâtons.

» Ce qui est surprenant, c'est que les chevaux du carrosse dont on a parlé furent étouffés, sans faire aucun mouvement, ni blesser personne.

» Dans ce moment, Messieurs de la ville et de la justice, la noblesse et les plus apparents bourgeois y accoururent, se rendirent maîtres de la barrière, et firent cesser ce désordre ; ils ordonnèrent aussitôt que l'on rangeât des deux côtés ceux qui étaient morts, et firent transporter à l'hôpital du pont du Rhône ceux qui étaient encore vivants, et qui n'avaient point d'aveu ; ceux qui étaient connus par leurs parents ou amis, on les transporta dans leurs maisons : la plupart avaient la tête cassée, d'autres les bras et les jambes, tous enfin maltraités.

» Ensuite ayant fait faire un passage assez large, on ouvrit les portes deux heures après minuit, pour faire entrer tous ceux qui étaient en arrière sur le pont ou dans les faubourgs ; on les fit défiler doucement pendant le reste de la nuit, que les portes restèrent ouvertes.

» Aussitôt que tout le peuple fut entré, on fit ranger les morts sur le rempart jusqu'au bastion le plus proche ; on fit ouvrir deux femmes enceintes, dont

les enfants, donnant quelques signes de vie , furent
ondoyés et après mis sur le corps de leurs mères.

» On en compta , tant hommes que garçons , femmes, filles et petits enfants , 219 ; et ce qui surprit le
plus, c'est que la plupart avaient été dépouillés tout
nus. On fit mettre le sceau sur leur front, suivant la
coutume, après en avoir dressé procès-verbal.

» Le lendemain matin chacun vint reconnaître ceux
qui leur appartenaient , et on leur permit de les em-
porter où bon leur semblerait : pour les inconnus on
les enterra au cimetière d'Ainay , qui ce jour-là eut
une terrible occupation.

» Les cris et les lamentations de ceux qui reconnaissaient leurs pères , mères , enfants , parents ou
amis, faisaient trembler, et auraient amolli des cœurs
de roche.

» On ne sait pas au juste le nombre des morts,
parce qu'il en mourait dans tous les quartiers de la
ville : quelques-uns disent que plus de 1,200 périrent
par ce désastre , sans compter ceux qui tombèrent ou
qui furent jetés dans le Rhône , dont on en trouva
quelques-uns tout nus , étendus sur le sable quelque
temps après.

» On ne voyait dans les rues que des enfants qui
pleuraient leurs pères et mères ; des pères leurs femmes et leurs enfants ; d'autres leurs parents et amis ;
tous les jours il en mourait dans divers quartiers: enfin on n'entendait partout que cris , que lamentations,
que plaintes. On ne pouvait comprendre comment
cela était arrivé , et qu'il y eût tant de personnes mor-
tes ou blessées dans un si petit espace de terrain , qui

n'avait tout au plus que 50 pas de longueur , et 7 à 8 de largeur. On ne doutait pas même que ce ne fût une action préméditée, mais il était impossible d'en découvrir les auteurs.

» Quelques précautions que prissent ces scélérats pour cacher un crime aussi énorme , ils ne purent en dérober la connaissance à Messieurs de la justice qui , s'apercevant que les soldats qui étaient dans le corps-de-garde l'avaient abandonné, firent arrêter le nommé Belair, qui en était sergent, le firent conduire en prison , et après de promptes informations , et avoir reçu la déposition d'un grand nombre de témoins, les recolements et confrontations , on le condamna à être rompu vif, à une amende de 500 livres au roi , et à la somme de 200 livres pour faire prier Dieu pour les morts.

» Il fut exécuté le 21 octobre, après avoir déclaré ses complices , qui furent aussi condamnés par contumace. Le corps de ce malheureux fut exposé sur une roue au Plâtre de la Guillotière. »

Madame de Servient fit donation, en 1725, de son domaine de la Part-Dieu à l'hôpital de Lyon , en expiation de ce malheur dont elle fut une des causes involontaires , sa voiture en ayant accroché une autre au moment où elle entrait en ville.

Une messe pour les défunts se célébrait tous les ans le lundi après le dimanche de la St-Denis , dans la chapelle du St-Esprit , près de ladite porte du pont du Rhône. Et on plaçait, de distance en distance sur le pont , le jour de la fête , des figures représentant des *têtes de mort* pour rappeler ce triste événement.

Cette fête, connue sous le nom de *Vogue de Bron*, avait cela de particulier que l'on y jouissait du privilége de s'insulter réciproquement, sans que la police intervînt pour faire cesser le scandale. Jadis, c'était presque une imitation des Dionysiaques ou Bacchanales, qui avait lieu particulièrement à la même époque : on suppose que ce sont les Romains qui ont introduit cette fête dans nos contrées.

En 1785, M. de Montazet, archevêque de **Lyon**, allait en voiture dans une maison de campagne, sans avoir réfléchi où il allait et à l'endroit où il était obligé de passer, ou peut-être par curiosité ; ce prélat se trouva engagé dans la Guillotière, au moment où le peuple se portait avec le plus d'affluence à la vogue ; à peine avait-il fait quelques pas, que sans égard pour son caractère sacré, les glaces et les panneaux de sa voiture furent brisés en mille pièces ; que lui et les personnes qui l'accompagnaient furent accablés d'imprécations, et eurent toutes les peines du monde à s'arracher des mains de ces furies, et à se soustraire aux coups de pierre. Le prélat et ses compagnons regagnèrent comme ils purent l'Archevêché, où ils restèrent longtemps malades de frayeur.

Une autre fête plus réservée que celle que nous venons de décrire, est celle du premier dimanche de carême, appelée dans beaucoup d'actes du XIIIe siècle, le *Jour des Brandons*, et par l'historien Paradin, *Quarementran le vieux*, quatre jours après celui que le même auteur appelle *Quarementran le jeune*. Les habitants de Lyon vont dans la plaine de la Madeleine manifester une allégresse dont l'approche du printemps, est la cause principale. Les anciens, à cette même époque, couraient avec des flambeaux allumés pour se purifier et procurer du repos aux mânes de leurs pères. Les cultivateurs ont ensuite rendu cette fête utile à leur état ; dans le même temps, ils ont parcouru leurs vergers avec des torches de paille enflammées, appelées *brandons*, pour brûler les nids d'insectes attachés à leurs arbres. L'avant-dernier siècle, la fête des *Brandons* consistait, suivant Menestrier, en ce que le peuple allait le premier dimanche de carême à la Guillotière, couper des branches vertes, auxquelles il attachait des fruits, des gâteaux, etc., et rentrait avec ces sortes de brandons dans la ville. On l'appelle plaisamment la promenade des *Repentirs*, parce qu'on y remarque beaucoup de nouveaux mariés, très nombreux à cette époque.

Une autre coutume, qui se célébrait autrefois gaiement à Lyon, et que nous avons vu célébrer de nos jours à la Guillotière, est la *Chevauchée de l'âne :* le mari qui a été outragé par sa femme est promené dans la ville, monté à rebours sur un âne, dont on l'oblige à tenir la queue. En cas de refus, on s'assemble tous les soirs devant sa porte pour lui faire un charivari, jusqu'à ce qu'il se soit soumis à cet usage immoral. M. Beaulieu fait observer, dans son *Histoire de Lyon*, que cette fête fut établie pour la première fois en 1566, parmi celles qui furent données à la duchesse de Nemours, lorsqu'elle fit son entrée à Lyon comme femme du gouverneur.

CHAPITRE IV.

Fondation de l'École vétérinaire par Bourgelat. — Bienfaits de cette insti-
tution. — Sa transfération à Vaise. — Inondation. — Compagnie des
ponts sur le Rhône. — Construction du pont Morand. — Inondations
auxquelles ce pont a résisté. — Les Brotteaux. — Ascension aréostatique
de Montgolfier. — Bénédiction des drapeaux de la milice de la Guillotière. — Fédération du Grand-Camp. — Siége de Lyon. — Les républicains à la Guillotière. — Maison Berlier aux Brotteaux. — L'hôtel de la
Vengeance. — Les Lyonnais abandonnent les Brotteaux. — Humanité
des Lyonnais envers les assiégeants. — Incendie de l'Hôtel-Dieu. — Lettre de Dubois-Crancé. — Trait de courage de M. Dujat. — Mitraillade
aux Brotteaux. — Lettre d'Achard. — Chute de Robespierre. — Séance
de l'Assemblée Nationale. — Arrêts des représentants. — Honneurs funèbres rendus aux victimes du siége de Lyon. — Phénomène. — Inscriptions placées sur le cénatophe. — Incendie de ce monument. — Duphot. — Projet d'un monument à élever en son honneur.

C'est à la Guillotière que fut établie primitivement
l'Ecole vétérinaire, par les soins de Bourgelat. Ce savant célèbre étudia la médecine humaine afin d'en
appliquer les principes à l'art vétérinaire; après avoir
résolu de faire connaître les bases de cette science nouvelle, il établit une infirmerie auprès de son manége :
quelques élèves vinrent se joindre à lui pour apprendre
à traiter les animaux malades. L'intendant de Lyon,
M. Bertin, accueillit favorablement le projet de Bour-

gelat, et un arrêt du conseil, du 5 août 1761, institua une école vétérinaire à la Guillotière, dans un bâtiment de l'Hôtel-Dieu (1); c'est là que, le 1er janvier 1762, s'ouvrit une école qui n'avait point de modèle. A sa naissance, elle rendit de grands services à l'agricul-ture, en arrêtant les progrès d'une épizootie cruelle qui étendait ses ravages dans toute la France : ces pre-miers succès lui méritèrent le titre d'*Ecole royale vé-térinaire*, qu'elle obtint par un arrêt du conseil du 31 juin 1764.

En voyant les bienfaits qu'elle avait rendus pendant cette épidémie, les puissances étrangères s'empressè-rent d'envoyer des élèves qui, devenus professeurs, ont fondé, dans différentes villes de l'Europe, des écoles pareilles à celle de Lyon. Le gouvernement fran_çais sentit la nécessité de former un pareil établisse-ment aux portes de la capitale, au château d'Alfort. Bourgelat fut appelé à créer cette école qui devint l'objet de toutes les faveurs du gouvernement; tout semblait présager la ruine de celle de Lyon, lorsqu'on envoya, pour la diriger, un disciple de Bourgelat, M. Bredin; M. Hénon, professeur d'anatomie, y fut ad-joint, et forma un riche cabinet d'anatomie, aussi cu-rieux par l'ordre qui y régnait que précieux par le choix et le soin qu'il avait mis à le composer. L'École avait repris son ancien lustre, lorsque la tourmente révolutionnaire arriva : à la suite des événements du

(1) On la prit pour une succursale de l'Académie d'équitation qui existait alors. L'Ecole vétérinaire a conservé, parmi le peuple lyonnais, le nom d'*A-cadémie*. Le lieu où elle fut établie à la Guillotière, porte encore le nom de *Pré de l'Académie*.

siége, cet établissement fut entièrement détruit. En 1795, un décret assimila l'école de Lyon à l'école d'Alfort; ce fut encore à M. Hénon que l'on dut sa restauration. Elle fut transférée, à partir de cette époque, dans la maison des *Deux-Amants*, à Vaise.

Dans la nuit du 15 au 16 janvier 1756, le Rhône et la Saône firent d'affreux ravages sur leurs bords, et vinrent se réunir sur la place Bellecour, à Lyon. A la Guillotière, un grand nombre de maisons furent emportées par l'eau, plusieurs personnes périrent sous les décombres; à Villeurbanne, vingt-cinq maisons furent englouties, toutes les autres étaient inondées à la hauteur du premier étage. Qu'on juge par ce fait de la situation de la Guillotière et des Brotteaux !

Il est impossible de se dissimuler que les désastres, dans chacun de ces débordements si malheureusement célèbres, auraient été bien plus affligeants encore, si les eaux, dirigées par la pente insensible de la plaine, vers la partie orientale du pont, n'avaient trouvé d'immenses issues sous les arches auxiliaires qu'on avait ouvertes au-delà du lit du fleuve, sur les terrains peu élevés qui existaient à sa rive gauche.

Ce n'est donc pas sans de graves motifs que ces arches auxiliaires ont été établies, et que toujours elles avaient été entretenues avec les mêmes soins que le reste du pont. La nécessité en était tellement sentie, qu'après l'inondation de 1756, les deux provinces du Lyonnais et du Dauphiné se concertèrent pour ajouter le secours d'une arche de plus à celles qui avaient déjà rendu tant de services. Ces arches étaient au nombre de *huit*, on les porta à *neuf;* il n'y en a que *huit* sur le grand cours du fleuve (1).

Par lettres-patentes du 4 janvier 1771 et un arrêt du 23 décembre suivant, une compagnie est autorisée à établir un pont en bois sur le Rhône ; ladite association est en outre autorisée, par le même arrêt, « à éta-
» blir primitivement à tous autres, des bacs ou trailles
» sur la partie du Rhône entre la porte St-Clair et le
» pont de la Guillotière, et même depuis la grande
» digue, en tel nombre qu'il le jugera convenable
» pour le service public. »

Trois années après, en 1774, le pont Morand fut construit; il porte encore aujourd'hui le nom de celui qui en eut l'idée première : il a dix-sept arches; sa longueur est de 209 mètres sur une largeur de 13 mètres; les seize travées dont il est composé ont depuis neuf mètres jusqu'à treize mètres quatre-vingt-cinq centimètres d'ouverture. La hardiesse et la légèreté de sa construction le font considérer comme un des plus beaux ouvrages de ce genre. Toutes les pièces sont disposées de manière à ce que l'on peut les remplacer sans déranger celles qui les touchent; chaque pile est formée d'une seule travée de poteaux, espacés les uns des autres, de sorte que chaque pile n'oppose au cours impétueux du fleuve que l'épaisseur d'un poteau; les avant-becs sont garnis de barres de fer triangulaire.

Ce pont est d'une grande solidité; le 14 janvier 1789, le Rhône gela : le dégel fit appréhender que le pont ne fût emporté par les glaces dont des blocs énormes

(1) Mémoire de M. Guerre, 1826.

venaient à chaque instant heurter les arches ; des mou-
lins à bateau, détachés par les eaux, vinrent même se
briser contre les piles, et lui causèrent seulement
quelques dégâts sans importance. Cette résistance,
à laquelle on était loin de s'attendre, parut si éton-
nante, que les Lyonnais, après la débâcle, couronnè-
rent de lauriers un poteau placé au milieu du pont, et
y posèrent cette inscription :

IMPAVIDUM FERIENT RUINÆ.

Ce pont résista de même à l'inondation de 1801, où,
dans la nuit du 30 au 31 décembre, la plaine des Brotteaux et le faubourg de la Guillotière furent envahis :
la hauteur des eaux fut telle, qu'elle dépassa celle de
1756 ; les habitants éprouvèrent des ravages considérables. Il résista également à l'inondation de 1812 ;
mais le 22 octobre 1828, trois arches furent entraînées
par le fleuve, qui occasionna sur tout son passage des
dégâts incroyables. Les inondations de 1830, 1836 et
1840 sont venues témoigner de nouveau de sa solidité. En 1844, il a été garni de plaques de tôle pour
garantir les passants du vent quelquefois impétueux
qui souffle sur le Rhône.

Il y a une grande différence entre les Brotteaux tels
qu'ils sont aujourd'hui, et tels qu'ils étaient avant la
révolution. C'était, nous dit M. Nolhac (1), une vaste
campagne où quelques Lyonnais avaient leurs maisons
de plaisance, et où s'élevait çà et là un petit nombre

(1) *Souvenirs de la Révolution à Lyon*, 1844.

d'autres constructions dont la plupart étaient occupées par des traiteurs et des cabaretiers.

C'est dans la plaine des Brotteaux que, le 19 janvier 1784, Joseph Mongolfier fit une seconde ascension aérostatique qui lui valut, de la part de la ville de Lyon, l'offre des lettres de bourgeoisie. Son ballon avait 100 mètres de circonférence et 42 mètres de hauteur. C'est dans la plaine des Brotteaux qu'ont eu lieu également les mitraillades et les fêtes populaires.......

Sous la République, le couvent des Picpus fut vendu comme propriété nationale à M. Janvier, qui y établi une fabrique d'acides ; elle passa ensuite entre les mains de M. Creuset, qui la vendit à la commune. En 1802, l'ancienne chapelle des Picpus fut érigée en paroisse.

C'est dans cette chapelle qu'eut lieu, le 29 septembre 1789, la bénédiction des drapeaux de la milice bourgeoise de la Guillotière, ainsi que le mariage de deux personnes vertueuses, dotées par M. le baron de Combe-Blanche. Cette double fête attira une foule immense de spectateurs : neuf cent trente hommes sous les armes se rendirent dans l'église, les drapeaux de colonel et de lieutenant-colonel déployés. Le digne pasteur de la Guillotière prononça un discours avant de célébrer le mariage ; il parla de vertu avec tant de dignité qu'il en fit passer l'amour dans tous les cœurs. A la bénédiction des drapeaux, il se fit entendre de nouveau avec autant de charme que la première fois. M. le chevalier Janin prononça un discours et prêta ensuite serment d'être fidèle à la nation, au roi et à la loi ; il reçut ensuite celui de la milice : des cris d'allé-

gresses se mêlaient au son des instruments. On sortit
de l'église pour se rendre chez M. le chevalier Janin ;
les deux jeunes époux étaient au milieu de la troupe ;
la joie brillait sur tous les visages. Des tables immenses
attendaient la troupe et les convives de M. Janin ; après
le repas succéda une danse générale, et la fête fut
terminée par une souscription unanime pour la patrie (1).

Le 30 mai 1790, à quatre heures du matin, le canon
gronda à Lyon ; la générale se fit entendre dans toute
la ville comme dans les faubourgs, et l'armée fédéra-
tive se rendit dans les quartiers indiqués pour se ranger en bataille. Deux heures après, cinquante mille
hommes bien armés et parfaitement organisés, s'é-
branlent dans la direction de la plaine des Brotteaux,
depuis longtemps réservée, sous le nom de Grand-
Camp, aux évolutions militaires. Les vingt-huit bataillons lyonnais s'avançaient dans l'ordre que le sort
leur avait assigné, sous des drapeaux ornés d'em-
blèmes et de légendes patriotiques : dix pièces de
canon et un corps de cavalerie suivaient la marche ;
une musique nombreuse précédait l'état - major et les
députés des villes voisines, escortés par un second
corps de cavalerie. L'arrivée des troupes au Grand-
Camp fut annoncée par une nouvelle salve d'artillerie.
Alors s'offrit aux yeux un magnifique spectacle : cent
soixante-dix mille hommes, retenus non par une haie
de baïonnettes mais par un simple ruban tricolore,
s'échelonnaient en silence autour de l'immense plaine,

(1) E. Dubois, *Almanach statistique de la Guillotière*, 1843.

au milieu de laquelle s'élevait un monticule en forme
de rocher, sur une base de vingt-sept mètres et sur
une hauteur de vingt-six. Le sommet de ce rocher,
construit par la main du peuple, était couronné par la
statue de la Liberté, vêtue de blanc, tenant de la main
droite une pique surmontée d'un bonnet phrygien,
et de la main gauche une guirlande d'olivier; un chat
reposait à ses pieds. Cette statue avait pour piédestal
un faisceau de colonnes posées sur un autel à quatre
faces, dont la disposition permettait à quatre ecclésiastiques d'y officier simultanément. La messe commença
au roulement prolongé des tambours, et une troisième
salve d'artillerie signala l'instant de l'élévation. Cent
soixante-dix mille hommes, à genoux et le front
courbé, semblaient prendre le ciel à témoin du serment qu'ils allaient faire. Après la cérémonie religieuse, le général en chef Dervieux de Villars gravit
lentement le rocher et prononça, d'une voix forte, la
formule du serment, et l'armée entière, formant un
double carré autour du rocher, fit entendre comme un
seul cri ces mots : *Nous le jurons!* Une dernière salve
donna le signal du retour, et le peuple reprit le chemin de la ville avec un calme inusité (1).

En 1793, les habitants de Lyon soutinrent un mé-
morable siège contre les troupes républicaines. Comme
la Guillotière était accessible de tous les côtés, il fut
de toute impossibilité de chercher à la défendre sans
y consacrer beaucoup de monde; on se borna à fermer
de ce côté l'accès de la ville en déplaçant le parapet de

(1) A. Balleydier, *Histoire politique et militaire du peuple de Lyon.*

pierre de taille qui bordait le pont, et rétablissant le
pont-levis placé à la moitié à peu près de sa longueur, et sur lequel s'élevait une grande guérite
qui contenait une vingtaine de soldats. Ce poste était
en outre défendu par une batterie située sur le quai.

Maîtres de la Guillotière, les républicains eurent la
facilité d'approcher leurs batteries de Lyon; on les
établit à la ferme de la Part-Dieu, et de distance en
distance, jusqu'à la ferme de la Tête-d'Or; on embrassa
ainsi les ouvrages que les Lyonnais avaient élevés dans
la plaine des Brotteaux. De ces nouvelles positions ils
incendièrent, avec des bombes, plusieurs quartiers et
criblèrent de boulets toute la longueur du quai du
Rhône. Quelques chantiers de bois de construction,
qui étaient établis sur les bords du fleuve près de la
Guillotière, favorisèrent l'ennemi à amener des pièces
d'artillerie dont les coups faisaient de grands ravages
dans Lyon (1).

Les Lyonnais avaient, de leur côté, fortifié tous les
points susceptibles de l'être; une tête de pont avec une
forte redoute furent élevés au pont Morand, du côté

---

(1) Un historien anonyme de cette sanglante époque dit que les habitants
de la Guillotière favorisaient les assiégeants de la ville de Lyon : « Séparés
» de Lyon par le Rhône, dit cet auteur, ils étaient une race presque étran-
» gère sous le rapport des mœurs et de la civilisation. Ramas de *contre-*
» *bandiers* et de *réfugiés de tous pays*, ils méritaient bien l'élogieux arrêté
» qui venait de les détacher politiquement du Lyonnais à qui leur naturel
» malfaisant préférait de nuire. » (*Histoire du Siége de Lyon*, depuis 1789
jusqu'en 1796. Lyon, Veuve Rusand, libraire). — Nous n'avons aucune
observation à faire sur cette calomnie que l'on semble vouloir faire peser
sur toute une population, et c'est avec peine que nous avons vu M. Jal, dans
son *Résumé de l'Histoire du Lyonnais*, partager aveuglément les mêmes
sentiments que l'auteur anonyme dont nous venons de citer les paroles.

des Brotteaux. Un peu plus loin, le long du cours Morand, dont on a depuis exhaussé le sol et qui était planté de beaux arbres, était la maison Berlier. Cette maison, dit M. Nolhac, témoin oculaire des terribles événements de cette époque, nous fut funeste pendant le siége, dans la journée du 29 septembre, parce que les troupes ennemies qui nous avaient chassés de tous les postes s'en emparèrent, et, montant dans les étages par l'escalier que les boulets avaient épargné, tiraient par les fenêtres sur ceux qui défendaient la tête du pont, et nous tuèrent beaucoup de monde. — Derrière la maison Berlier s'étendaient, à gauche, une vaste plaine jusqu'à la Tête-d'Or. Nous eûmes d'abord un poste dans cette ferme; mais le terrain environnant étant très accidenté, pouvait par conséquent faciliter les surprises, on abandonna cette ferme : nous n'avions d'ailleurs que peu de combattants à opposer aux masses dont l'ennemi disposait, et il ne pouvait pas s'aventurer, au-delà de la Tête-d'Or, dans une plaine battue par le canon placé sur la terrasse Tholozan, sur le terrain des Collinettes, par le fort des Bernardines, et par l'artillerie de la redoute qui couvrait le pont Morand.

En face de ce pont, l'hôtel appelé Hôtel de la Vengeance fermait le cours et masquait ainsi le prolongement du chemin qui conduisait aux Charpennes : c'est là que fut établi le quartier-général des Brotteaux. A une assez courte distance derrière cet hôtel étaient, à droite et à gauche, quelques maisons avec leurs jardins : dans le groupe de droite était une loge de francs-maçons où, pendant la durée du siége, on établit une redoute munie de fortes pièces. De cette redoute jusque près du Rhône s'étendait, en embrassant la maison Neyrat, un retranchement garni de canons, au-delà duquel, à quelques portées de fusil, était une réunion de plusieurs bâtiments où l'on avait placé une compagnie formée en grande partie de domestiques de Bellecour.

Après quelques jours de lutte, les Lyonnais furent obligés d'abandonner les Brotteaux. Le quartier-général des troupes républicaines fut alors établi à la Ferrandinière. Un corps, fort de dix mille hommes, sous le commandement du général Laporte, était chargé d'attaquer Lyon du côté de la Guillotière et des Brotteaux.

L'armée de Dubois-Crancé, forte de cent mille hommes, manquait de chirurgiens pour panser ses blessés; les assiégeants en demandèrent aux assiégés; les Lyonnais étaient dans l'impossibilité de satisfaire à leur demande, mais ils offrirent de recevoir et de soigner les soldats qui périssaient faute de secours, et de les rendre aussitôt qu'ils seraient guéris : cette offre fut acceptée. Malgré cette marque de bienveillance, sans respect pour le drapeau noir qui flottait sur l'Hôtel-Dieu, toutes les batteries républicaines sont dirigées contre cet asile du malheur. Des bombes, des *boulets rouges* viennent incendier ce bâtiment sept fois en une seule nuit, mais, grace aux soins et à la vigilance des Lyonnais, il fut également sept fois éteint. Quinze cents coups de canon ou d'obusier tirés par les assiégés, en réponse à cette agression, firent courir un grand danger à la Guillotière.

Au moment même où Lyon exerçait une aussi généreuse hospitalité envers ses soldats, voici ce que Dubois-Crancé écrivait à la Convention :

« Les Lyonnais, attaqués sur tous les points à la
» fois, ont été repoussés partout ; leurs redoutes sont
» emportées. Nous sommes à Perrache, aux Brot-
» teaux, à Ste-Foy : l'horizon est en ce moment chargé
» de flamme et de fumée ; tous les Brotteaux sont in-
» cendiés ; Perrache commence à brûler ; *il fait un*
» *grand vent : Vive la République !* »

Un jeune homme de cœur et de dévouement s'offrit pour incendier les chantiers d'où l'ennemi, sans égard pour l'asile des malheureux, faisait un feu si vif ; il se met à l'eau bien au-dessus du point où il veut arriver, portant sur sa tête des matières inflammables qui vont réduire en cendres les chantiers. Après avoir rempli sa mission avec succès, il revint au milieu de ses camarades jouir du spectacle de l'incendie, qui eut pour effet d'exposer aux batteries du quai ceux qui venaient auparavant donner la mort aux assiégés sans crainte d'être inquiétés en aucune manière. Le jeune homme qui accomplit cette périlleuse mission est M. Dujat aîné, négociant-fabricant de Lyon.

Après les fêtes patriotiques, des scènes plus que cannibales vinrent ensanglanter la plaine des Brotteaux. C'est là qu'on amenait, après le siège de leur ville, les Lyonnais prisonniers ; garrottés ensemble, ils étaient conduits entre deux fossés, dans la direction desquels des canons avaient été braqués ; de peur que quelques-uns de ces victimes ne parvinssent à se sauver, on avait soin de faire border les fossés

par la troupe de ligne ou bien par les dragons. Lorsqu'un certain nombre de ces malheureux étaient arrivés sur le lieu du supplice, une horrible décharge
dispersait leurs membres, sans leur arracher entièrement la vie. Alors les soldats franchissaient les fossés et
venaient achever leurs victimes à coups de baïonnette
ou à coups de sabre. On raconte que, pendant une
nuit, on entendait dans les Brotteaux des cris qui appelaient vainement la mort, et que, le lendemain, des
fossoyeurs assommèrent à coups de pioche et de pelle
ceux qui n'avaient pas encore rendu le dernier soupir !

Il semble incroyable que de pareils plans de mas-
sacre aient été discutés froidement par des êtres à face
humaine. Ce fut après avoir proposé de faire fusiller
en masse dans les caves, ou d'enfermer les malheureux dans des maisons sous lesquelles on ferait jouer
la mine, qu'on adopta les canonnades... Ces discus-
sions eurent lieu dans des orgies entre Collot et ses
collègues ; il y avait même émulation parmi eux à
faire le mal. Voici une de leurs lettres :

« Frère et ami, encore des têtes et chaque jour des
» têtes tombent ! Quelles délices tu aurais goûtées si
» tu eusses vu, avant-hier, cette justice nationale de
» deux cent neuf scélérats ! Quelle majesté ! quel ton
» imposant ! tout édifiait. Combien de grands coquins
» ont, ce jour-là, mordu la poussière dans l'arène
» des Brotteaux ! Quel ciment pour la République !..
» quel spectacle digne de la liberté (1) ! »

_____

(1) Lettre d'Achard, agent national à Commune-Affranchie, à Gravier.
(Rapport de Courtois, page 306). —Nous avons emprunté la plupart de ces
détails à l'ouvrage de M. Nolhac.

Après la chute de Robespierre, dont on ne connaît pas même aujourd'hui les vrais desseins, après les sanglantes journées dont Lyon et une grande partie de la France furent témoin, quelques beaux jours revinrent ; un assez grand nombre de personnes qui avaient abandonné leur patrie en profitèrent pour rentrer sur le sol natal.

L'Assemblée Nationale, dans sa séance du 6 février 1790, discuta la question de savoir si la Guillotière serait réunie à la ville de Lyon. Un député du Dauphiné, M. Pilon du Galand, la revendiqua pour sa province : « Il est ridicule, dit-il, que le Rhône ne soit pas partout la ligne de démarcation entre le Lyonnais et le Dauphiné. » Il cita les anciens titres et des arrêts du conseil qui reconnaissaient la Guillotière comme partie de cette province. Tous ces arguments furent combattus par les représentants lyonnais, et l'Assemblée se décida à comprendre ce bourg dans la circonscription de la ville de Lyon ; mais lorsque cette ville se montra rebelle à la Convention, la Guillotière fut de nouveau réunie au district de Vienne, par un arrêté des Représentants en date du 12 août 1793. Plus tard, un autre arrêté du représentant Poulain Grandpré, en date du 1er frimaire, la réintégra au département du Rhône.

Tous les désastres dont nous venons de donner un aperçu eurent un terme; le malheur se lassa de planer sur la France; le jour de délivrance fut le 9 thermidor (1er août 1794). Dès ce moment, les exécutions devinrent moins fréquentes; dans nos villes, le commerce et l'industrie semblèrent un peu renaître : on profita de ce moment de calme à l'intérieur pour rendre des honneurs funèbres aux malheureuses victimes de la tyrannie. Le 29 mai 1795 fut le jour choisi pour cette fête ; environ six mille hommes, composant les seuls grenadiers et canonniers de la garde nationale, se réunirent aux Brotteaux pour rendre aux Lyonnais morts victimes du siège, un hommage de regrets. La musique de la plus douce mélancolie, entremêlée au bruit lugubre des tambours drapés, précède la marche. A la suite du cortége on voit les représentants, dont quelques-uns ne sont pas innocents des crimes exécutés par Collot. Arrivés près du sarcophage (on avait choisi le champ où le plus grand nombre avait péri ; le sol était encore couvert de leurs ossements), tous en font le tour, l'arme baissée et les yeux fixés sur la terre ; ils offrent à leurs frères immolés l'hommage de leur admiration et de leur douleur. On vit venir successivement dans ce lieu, pendant le reste de la journée, tous les habitants de Lyon. Durant tout le temps de cette cérémonie funèbre, on remarqua un phénomène assez extraordinaire : on vit paraître une couronne solaire ou parhélie qui entoura le disque du soleil, et resplendit dans l'horizon comme une immense auréole. Ce phénomène est consigné dans toutes les histoires de cette époque, et particulièrement dans les *Archives du Rhône* (t. x, p. 278).

M. A. F. Delandine, qui occupe une place si honorable parmi les historiens lyonnais, fit placer les quatre inscriptions suivantes sur le cénotaphe :

AU COUCHANT.

Lyonnais, venez sur ce triste rivage
A vos amis répéter vos adieux ;
 Ils vous ont légué leur courage,
 Sachez vivre et mourir comme eux.

AU MIDI.

Pour eux la mort devint une victoire,
Ils étaient las de voir tant de forfaits ;
Dans le trépas ils ont trouvé la gloire,
Sous ce gazon ils ont trouvé la paix.

AU LEVANT.

 Passant ! respecte notre cendre,
 Couvre-la d'une simple fleur !
A tes neveux nous te chargeons d'apprendre
Que notre mort acheta leur bonheur.

AU NORD.

Champ ravagé par une horrible guerre,
Tu porteras un jour d'éternels monuments.
Hélas ! que de vertus, de valeur, de talents,
 Sont cachés sous un peu de terre !

Après avoir fait le tour du monument, une harangue fut prononcée par un chef de légion, et, comme on ne pouvait pas encore prier publiquement pour les morts, chacun se retira chez soi dans le plus grand recueillement.

Ne pouvant plus nuire en plein jour, des hommes vinrent brûler, pendant la nuit, le cénotaphe bâti provisoirement aux Brotteaux. Un cri d'indignation publique poursuivit les profanateurs des tombeaux. Ce ne fut que longtemps après qu'on put chercher à construire un monument durable destiné à recueillir les restes de ces valeureux défenseurs de leur cité.

L'année 1797 vit périr dans une émeute, à Rome,

5

un enfant de la Guillotière, Léonard Duphot, général
de brigade, célèbre dans les guerres de la République
française. Il fut assassiné le 28 décembre à côté de Joseph Bonaparte dont il devait épouser le lendemain la
belle-sœur, Mlle Clary, devenue plus tard la femme
du général Bernadotte, mort roi de Suède. Duphot
était né en 1770.

Ne pourrait-on pas élever sur une des places de la
Guillotière une statue à ce digne enfant de la France,
qui, sans autre recommandation que son épée, parvint au grade de général, et, si le poignard d'un assassin n'était pas venu trancher ses jours, serait arrivé aux plus hautes destinées. Les finances munici-
pales ne sont pas actuellement dans un état prospère,
nous le savons, mais une souscription ne pourrait-elle
pas en faire les frais ? Nous soumettons cette pensée
aux conseillers municipaux ; ils doivent, dans cette
occasion, donner l'exemple à leurs administrés, en
prenant l'initiative.

CHAPITRE V.

La République et l'Empire ne favorisèrent pas la Guillotière dans ses développements ; avant la révolution, il existait quelques usines, plusieurs fabriques de gazes, mouchoirs de soie, etc., et une manufacture où l'on faisait le vitriol et de plus les eaux-fortes, la couperose, l'alun, le sel ammoniaque, le sel de Saturne, le blanc de plomb et de céruse, la fleur de soufre et généralement toutes les compositions pharmaceutiques ; on y fondait également le plomb en table ; on y préparait les couleurs en pâte : cette fabrique occupait un grand nombre d'ouvriers. Un fonds de huit cent mille francs avait été consacré à son établissement, et les bénéfices qu'elle réalisait étaient ap-

pelés à lui donner les plus grands développements.
Le siège de Lyon et les réquisitions forcées amenèrent
sa ruine.

Vers la même époque, les troupes enlevèrent des
cuivres dans une fabrique de verdet que M. Caminet
possédait à la Guillotière ; le propriétaire, alors juge à
la cour d'appel de Lyon, se trouvant dans une réunion
de fonctionnaires, à la Préfecture, le jour que le premier consul passait à Lyon, revenant de Marengo (29
juin 1800), réclama une indemnité. « Je me souviens,
» lui dit Bonaparte, qu'à mon retour d'Egypte vous
» m'avez déjà parlé de cette affaire, et je vous dis alors
» que si l'Etat était tenu d'indemniser tous ceux qui
» ont souffert pendant le régime qui vient de finir, la
» valeur du sol entier de la France ne suffirait pas
» pour acquitter les pertes. C'est une bombe qui est
» tombée sur une maison et l'a réduite en cendres. »
On ne dit pas si M. Caminet fut satisfait de cette
réponse. Quoi qu'il en soit, les Guillotins étaient par-
tisans de Napoléon, et plusieurs fois ils l'ont montré,
soit sur les champs de bataille, soit dans leur modeste faubourg. — En 1805, la population n'était que
de 5,972 habitants.

Deux inondations du Rhône eurent lieu sous Napoléon ; la plaine des Brotteaux et le faubourg de la Guillotière furent inondés, et les propriétés éprouvèrent
des dommages considérables. Les eaux du Rhône s'é-
levèrent à une hauteur prodigieuse. La première de ces
inondations eut lieu du 30 au 31 décembre 1801, et la
seconde, du 17 au 18 février 1812.

Il existait alors (1812), à l'angle des rues de Beche-

velin et de la Vierge, une chapelle ou bien une ar-
moire renfermant une madone connue sous le nom
de Notre-Dame de Bechevelin, sans doute parce que
cette chapelle était située dans l'ancien mandement de
ce nom, particulièrement en grande vénération parmi
les mariniers du Rhône, à cause des nombreux mira-
cles qu'elle faisait en leur faveur. Elle était très or-
née et très décorée, exposée sur son autel, entourée
de petites jambes, de petits bras et d'une multitude
d'*ex-voto*. Près de la niche dont on voit encore les
traces au lieu désigné, se trouvait toujours une vieille
femme qui, moyennant la simple rétribution de *cinq
centimes* par prière, se chargeait des neuvaines qu'on
voulait faire à Notre-Dame de Bechevelin.

Nous avons demandé quelques renseignements aux
voisins du lieu où autrefois on voyait exposée Notre-
Dame de Bechevelin ; on nous a répondu que depuis
longtemps on n'avait pas vu la madone et qu'elle n'a-
vait pu soutenir concurrence avec Notre-Dame de
Fourvières ; la personne à qui nous nous sommes adres-
sé a ajouté : « Monsieur, si vous avez quelques neuvaines à faire à Notre-Dame de Bechevelin, vous pou-
vez vous adresser à Mme P., qui est une bien brave
personne ; elle a été obligée de renfermer chez elle la
Vierge, et elle professe pour cette sainte la plus grande
vénération. »

En 1814, les Lyonnais profitèrent du passage du
comte d'Artois (devenu plus tard Charles X) pour ouvrir une souscription destinée à élever un monument
en l'honneur des victimes du siège de Lyon. MM. Petit, Delandine, Cochet et Ridat, se placèrent en tête

de la liste de souscription pour des sommes considérables. Elle fut ensuite présentée au comte d'Artois qui souscrivit pour une somme de quatre mille
francs. La souscription fut ouverte le 20 septembre,
et la première pierre fut posée, le 21 octobre 1814, par
M. le comte d'Artois. Voici de quelle manière M.
Guerre, dans son ouvrage intitulé : *Campagnes de
Lyon* en 1814 et 1815, raconte cette solennité :

« Dès le matin, le beffroi de l'Hôtel-de-Ville et le canon annoncèrent aux citoyens cette grande solennité,
et ne cessèrent de se faire entendre pendant toute la
cérémonie. La garde nationale à pied et à cheval fut
mise sous les armes; cinq bataillons d'infanterie prirent position et formèrent un carré autour de l'emplacement désigné. Le sixième bataillon et la garde à
cheval furent mis en réserve pour escorter le cortége.
Tous les fonctionnaires publics, toutes les autorités furent invités à la cérémonie : on y remarquait, non sans
attendrissement, le général Précy et plusieurs de ses
soldats, faibles et glorieux débris de l'armée du siège,
et qui, échappés au temps ainsi qu'au fer ennemi,
partagèrent les dangers de leurs frères sans en payer
aussi chèrement l'honneur.

» Une foule innombrable couvrait la vaste plaine
des Brotteaux. Après les discours d'usage prononcés de
part et d'autre en pareille circonstance, la première
pierre fut posée avec les cérémonies habituelles. La
réapparition de Napoléon empêcha de terminer les travaux, qui furent repris plus tard. »

En 1815, le pont de la Guillotière comme tous les
autres ponts qui se trouvaient sur le passage de Napo-

léon, avait été barricadé, afin, s'il était possible, d'arrêter sa course rapide vers la capitale. Le maréchal Macdonald fit garnir ses barricades par deux bataillons, qui obéirent en silence; mais, à quatre heures, les hussards du 4ᵉ qui précédaient Napoléon arrivèrent à la Guillotière, où ils furent accueillis aux cris mille fois répétés de *vive l'empereur!* Au même instant, les mêmes cris sont répétés également de l'autre côté du Rhône par les soldats qui gardaient les barricades : en un clin d'œil les poutres, les arbres, les pieux qui barraient le passage sont arrachés et jetés au Rhône. Les communications furent de suite rétablies, et lorsque Napoléon parut, il ne trouva plus aucun obstacle pour recevoir les clés de la ville de Lyon, qui lui furent présentées par le maire.

Son entrée fut des plus remarquables : dès que le peuple le vit, à cheval, vêtu de sa redingote grise, couvert de son petit chapeau qu'il portait aux jours de bataille, le peuple, dis-je, à la vue de cette grande gloire déchue, ne put retenir ses transports d'enthousiasmes pour l'homme qui l'avait si souvent conduit à la victoire. Des cris unanimes se firent entendre depuis son entrée dans la Guillotière jusqu'à l'Archevêché où il descendit. Napoléon, avant de partir, termina ses adieux par ces mots sublimes, qui prouvent combien il fut content de la réception qu'on lui fit : *Lyonnais,* dit-il, *je vous aime!*

Peu de temps après, la trahison, mêlée aux revers, obligea Napoléon de déposer une seconde fois l'épée ; les faits qui suivent appartiennent à l'histoire générale.

La mort de l'empereur a été longtemps mise en doute
par les habitants des faubourgs de Lyon.

Le retour de Napoléon retarda la construction pro-
jetée en 1814; les travaux furent recommencés en 1817,
et la première messe célébrée le 29 mai 1819. Ce monument fut construit d'après les dessins de M. l'architecte Cochet. On y remarque trois ordres différents,
ce qui forme un assemblage assez bizarre : la porte
est romaine, les colonnes sont grecques, et le reste de
la façade présente l'aspect d'une pyramide égyptienne.

On lit sur le fronton :

A LA GLOIRE DE DIEV

A LA MÉMOIRE DES VICTIMES DV SIÈGE DE LYON

EN M DCC XCIII.

En entrant dans le monument, à gauche, dans une
petite chapelle, se trouve une urne sur laquelle on lit
ces mots :

Au fidèle Précy.

C'est le tombeau de Louis-François Perrin, comte
de Précy, général en chef de l'armée lyonnaise en
1793. Plus heureux que la plupart de ses compagnons
d'infortune, il parvint à se réfugier en Suisse, et lorsque les portes de la patrie furent ouvertes à ses enfants
émigrés, il revint dans son pays. Le comte de Précy
était né à Semur-en-Brionnais, le 7 janvier 1742; il
mourut à Marcigny-sur-Loire le 25 août 1820, et ses
restes mortels furent transportés dans le Monument
des Brotteaux le 29 septembre 1821.

Cette chapelle expiatoire est desservie par des RR.

PP. capucins, dont la piété et le zèle sont au-dessus de tout éloge; ils passent là leur vie entre la prière et le jeûne; un petit jardin, situé derrière le couvent, est entretenu par eux d'une manière admirable; toute leur récréation est de cultiver quelques fleurs pour embellir le modeste autel de leur chapelle.

Il était question, en 1825, d'établir une digue en amont pour protéger la plaine des Brotteaux contre les envahissements du fleuve; cette mesure, qui devait avoir plus tard son exécution, fut le sujet d'un concours de l'académie de Lyon; elle fut posée en ces termes : « Quels sont les moyens de mettre les Brot» teaux, territoire de la Guillotière, à l'abri des inon» dations, et de faire servir en même temps les tra» vaux d'art qu'on y pourrait faire à la prospérité » industrielle et commerciale de la ville de Lyon. » La durée de ce concours, ouvert en 1825 et fermé en 1826, ne permettait pas d'obtenir toutes les lumières que ce sujet exigeait; cependant l'académie décerna à M. Le François une grande médaille d'or, à titre d'encouragement, pour un discours trop abrégé pour un sujet si vaste.

Le conseil municipal de la Guillotière, dans sa séance du 30 août 1826, émit le vœu que cette localité fût érigée en chef-lieu de canton, au moyen des communes qui l'avoisinent et qui seraient distraites du département de l'Isère. Le conseil appuyait principalement sa demande sur l'accroissement que prenait la population, et sur l'inconvénient qu'éprouveraient les habitants de la Guillotière de venir chercher un juge-de-paix à Lyon, dans une crue extraordinaire du

Rhône, en cas de rupture d'un pont (1), ou d'autres accidents qui peuvent la séparer plus ou moins longtemps de Lyon. Ce n'est qu'une vingtaine d'années plus tard que cette mesure devait être réalisée (1844).

On a fondé en 1827, dans une partie des bâtiments qui dépendaient de l'ancien couvent des religieux de St-François, à côté de l'église de Notre-Dame-de-St-Louis, un hospice pour les vieillards. Cet hospice peut contenir actuellement soixante personnes ; les soins que réclament la position des vieillards qui l'habitent leurs sont donnés par des sœurs dites de St-Charles, dont la supérieure est actuellement la sœur St-Pierre.

Une pharmacie est adjointe à l'hospice ; ouverte à toutes les infortunes, elle produit les plus grands biens parmi les classes pauvres de la Guillotière. L'administration de cet hospice va faire construire (1845) une chapelle à son usage dans la partie sud du bâtiment ; les vieillards ne seront plus obligés, grace à cette mesure, de sortir de l'établissement pour assister aux offices.

Ce n'est pas le seul établissement de bienfaisance que la Guillotière possède : les charitables hospitaliers de St-Jean-de-Dieu ont fondé, en 1824, un asile pour les hommes aliénés, dans l'ancien château de Champagneux, situé sur la route de Marseille. Cet établissement, dans une position admirable, contient, dans des quartiers séparés, plus de trois cents aliénés de

(1) Il n'existait, à cette époque, que deux ponts sur le Rhône, celui de la Guillotière et le pont Morand, aux Brotteaux. Quatre autres ponts ont été construits depuis 1826 sur ce fleuve.

toute condition. Tous ces malheureux reçoivent, avec
un même zèle et suivant leur position, les bons offices
des frères hospitaliers.

Le premier dimanche de carême (4 mars 1827), un
événement affreux vint jeter la consternation non-seulement dans Lyon, mais dans toute la France. Un bateau à vapeur, le *Derrheims*, éclata sur le Rhône, en
aval du pont de la Guillotière, en face du quai Monsieur. Cette catastrophe eut lieu à onze heures et demie
du matin, un jour de fête populaire, le *dimanche des
bugnes*.

Ce bâtiment, dont les propriétaires avaient annoncé
la supériorité sur ceux de même genre, devait remonter le Rhône qui, ce jour-là, était furieux, traverser
l'une des arches du pont de la Guillotière, et aller
jusqu'à la Pape où un splendide déjeûné avait été pré-
paré pour célébrer le triomphe du *Derrheins !* Le bâtiment commençait à se mouvoir, il avait fait quelques
tours sur lui-même, on était parvenu à lui faire dé-
ployer une force de 110 chevaux, lorsque tout à coup
une fumée noire et épaisse obscurcit l'air; la foule s'assemble sur les quais sans concevoir la moindre inquiétude. Au même instant une détonnation effrayante
se fait entendre; d'énormes débris de fer, de bois,
sont lancés dans les airs et viennent en grande partie
retomber sur les quais, dans les rues, et même défon-
cer les toits des maisons. Huit personnes sont écrasées,
vingt sont blessées grièvement. Parmi les victimes on
compte M. Derrheims, ingénieur et constructeur du
bateau; M. Stéal, mécanicien anglais, qui avait fabri-
qué l'appareil; M. Gaillard, négociant de Lyon et prin-

cipal intéressé de l'entreprise. Cette catastrophe aurait
pu être bien plus funeste, mais heureusement une
partie de l'équipage se trouvait à la poupe ou à
la proue. Si l'explosion avait eu lieu plus tard, le
plus grand nombre des actionnaires et beaucoup de
personnes notables qui s'y étaient donné rendez-
vous pour être témoins de l'expérience en auraient été
victimes. D'un autre côté, les quais auraient été em-
combrés par une plus grande quantité de personnes,
car, à pareil jour, une partie de la population lyonnaise se porte à la Guillotière.

On a remarqué aussi parmi les victimes les sieurs
Rostaing, teneur de livres de M. Derrheims ; Béraud ,
de St-Pierre-le-Bœuf, conducteur du bateau ; Bernoux,
homme de confiance de M. Gaillard ; Pelisson , forgeur ;
Alexandre , dit Parisien , chauffeur ; et les anglais
William Brow, William Green et Walter Hood, ouvriers mécaniciens de M. Stéal ; MM. Rougier, fabri-
cant d'étoffes de soie, et Antoine Berton , ont été au
nombre des victimes, atteints sur les quais de l'Hôpital ou Monsieur. Plusieurs scènes déchirantes eurent
lieu : M. Rougier, médecin de l'hôpital, cherchait avec
une inexprimable anxiété son frère parmi les morts ;
les cadavres étaient horriblement mutilés, il ne pouvait le trouver, quoiqu'il l'eût devant les yeux ; cependant il parvint à le reconnaître à la forme des mains.—
Cette explosion coûta la vie à plus de trente personnes.

On a généralement supposé dans Lyon que le malheureux Stéal, voyant qu'au moment fixé pour le départ son mécanisme ne fonctionnait pas avec assez
d'énergie, prit sur lui de faire pousser le feu d'une

manière extraordinaire, et que ce moyen ne répondant pas encore à son attente, il chargea d'un poids considérable les soupapes de la chaudière... On doit donc attribuer cet affreux événement à l'imprudence la plus obstinée et à la présomption la plus aveugle.

Le pont du Concert ou Charles X, aujourd'hui Lafayette, a été construit par M. Laguérenne en 1828. La première pierre fut posée le 6 avril 1826 par M. le préfet, en présence de M. le lieutenant-général, du maire, et de plusieurs autres magistrats; cette pierre a été placée dans la première pile du côté de Lyon, avec une inscription et différentes pièces de monnaie à l'effigie de Charles X. Il est formé de neuf arches en bois sur neuf piles en pierres; il a été ouvert au public le 1ᵉʳ octobre 1828 ; sa longueur est de 209 mètres sur 11 de largeur.

Le général Lafayette arriva le 5 septembre 1829 à Lyon, où une réception, plus que royale, c'est-à-dire populaire l'attendait. Dès les trois heures, la députation nommée pour le recevoir se mit en marche ; les voitures qu'elle occupait et celles qui étaient destinées au général furent accompagnées de quatre à cinq cents jeunes gens à cheval, et d'un nombre presque double de jeunes gens à pied. Une foule immense suivait ce cortége et remplit bientôt tout l'espace à partir du pont Morand jusqu'au Moulin-à-Vent.

C'est dans ce lieu, limite du département du Rhône, que la députation attendait le général ; il y arriva sur les quatre heures et demie. Là il mit pied à terre ; la députation s'approcha de lui, et M. Prunelle, qui depuis fut maire de Lyon, lui adressa, au nom de tous,

un discours. Le général, dans sa réponse, se félicita
d'avoir reconnu sur son passage cette fermeté calme et
même dédaigneuse d'un grand peuple qui connaît ses
droits, sent sa force et sera fidèle à ses devoirs. Le général Lafayette ayant terminé son discours, M. Prunelle
lui demanda alors la permission de lui présenter M.
Beaumès qui avait quelques vers à dire au nom des habitants de la Guillotière.

Voici les vers de M. Beaumès :

> Toi, dont l'illustre nom charme la liberté,
> Dont le bras, animé par les vœux de la France,
> D'un grand peuple jadis conquit l'indépendance.
> Lafayette ! à nos yeux quelle noble clarté
> Fait briller ton aspect au milieu des ténèbres,
> Dont une nuit subite a couvert ton pays !
> Quoi ! le pacte sacré que nous dicta Louis
> Sera-t-il donc voilé par les crêpes funèbres
> Dont nous ont menacés nos ardents ennemis ?
> Non ! généreux vieillard que l'univers honore,
> Ta gloire est le garant de nos heureux destins.
> Et si la liberté te vit, à ton aurore,
> Combattre pour ses droits dans des pays lointains,
> Au déclin de tes ans, tes yeux verront encore
> La même liberté, régnant avec nos rois,
> Faire de ta patrie, après tant de tempêtes,
> Le théâtre brillant des plus belles conquêtes,
> Un roi grand par la charte et puissant par les lois.

Après avoir entendu ces vers, le général exprima
combien il était touché de l'hommage de la ville de la
Guillotière qui, placée entre deux départements émi-
nemment français par leurs sentiments, avait su réunir le patriotisme de l'Isère et du Rhône. Après ce discours, le général remonta dans la calèche disposée
pour lui, et le cortége se remit en marche pour
Lyon. Il faisait son entrée dans la ville par le pont

Charles X (appelé depuis pont Lafayette), quand les dernières voitures du cortège arrivaient à peine au milieu de la longue rue de la Guillotière.

Une immense population garnissait les cours du côté des Brotteaux et les quais du côté de la ville ; le cortège pouvait à peine se faire un passage au travers des rangs épais, et de tout côté les cris de *Vive Lafayette !* retentissaient dans les airs : ces cris étaient répétés par les personnes qui étaient aux fenêtres. Les dames aussi prirent part à la joie publique : un grand nombre d'entre elles, élégamment parées, occupaient les voitures formant le cortège à la suite, ou bien agitaient leurs mouchoirs aux fenêtres sur le passage du général. Les mêmes acclamations, les mêmes manifestations de joie accompagnèrent le héros de cette fête jusqu'à l'hôtel du Nord où il descendit.

Une fête lui fut donnée le lendemain à l'Ile-Barbe, et le général assista le même jour à un banquet où toutes les classes avaient des représentants, non-seulement de Lyon, mais encore des villes voisines. Enfin, le 8 septembre, à son départ, une escorte de jeunes cavaliers l'accompagna jusqu'à deux lieues de la ville.

CHAPITRE VI.

Révolution de juillet 1830. — Réunions aux Brotteaux. — Révolte de 1831.
Fortifications de Lyon. — Noms des forts situés dans la plaine des Brotteaux et de la Guillotière. — Révolte de 1834. — Situation de la Guillotière. — Incendie et attaque de la ville. — Fuite des insurgés. — Reprise
des hostilités. — Plans du général Aymar. — Prise de la Guillotière.—
Commission envoyée à Paris pour réclamer une indemnité. — Pont de
la Guillotière. — Digue de la Vitriolerie. — Pont de l'Hôtel-Dieu. — Cimetière de la Madeleine. — Passage de la dépouille mortelle d'Adolphe
Nourrit.

Les faits qui viennent de se dérouler prouvent assez
l'esprit patriotique qui animait les populations de l'agglomération Lyonnaise. Dès que la nouvelle du commencement de la Révolution Parisienne de 1830 fut
parvenue à Lyon, des réunions eurent lieu dans la
salle du Grand-Orient, aux Brotteaux, pour se prépa-
rer à seconder les patriotes de la capitale; un commencement d'exécution eut même lieu, mais, grace
au sang-froid et à la sagesse des citoyens, tout se passa
heureusement sans effusion de sang. Pourquoi n'en
fut-il pas toujours ainsi ?...

L'année suivante (1831), des scènes de carnage vinrent ensanglanter Lyon et ses faubourgs ; la Guillotière
seule ne prit aucune part à cette révolte. Seulement
une colonne de deux cents ouvriers, partis le 22 novembre, à trois heures du matin, pour aller au secours

des insurgés de la Croix-Rousse qui, avec Lyon, fut
le principal théâtre de l'émeute. Vaise, les Brotteaux
et la Guillotière furent assez tranquilles pendant cette
insurrection. Il n'en fut pas de même en 1834.

Depuis la révolte de 1831 on a commencé à élever,
sur les bords des deux rivières qui baignent Lyon,
sur ses hauteurs et dans ses campagnes, d'immenses
travaux de fortifications, contre lesquels se briseront
toute invasion étrangère et toute révolte intérieure.
Dans la vaste plaine de la Guillotière, une enceinte
continue, portée en première ligne, relie les dix forts
et les lunettes qui la maîtrisent. Six mille hommes,
bien conduits et bien décidés à faire leur devoir, suffi-
raient pour défendre cette position des mois entiers
contre une grande armée. Mais, sans nul doute, ces
soldats ne tarderaient pas à trouver de nombreux
auxiliaires : la population, connue par sa bravoure
et son patriotisme, fournirait d'adroits tirailleurs ;
ceux-ci, dirigés par des officiers de l'armée régulière,
et favorisés par les accidents du terrain et la puissance
des forts, détruiraient les troupes assiégeantes par des
combats de détails incessamment renouvelés (1). —La
garnison de la Guillotière est casernée dans les forts.

Voici les noms de ces forts, dont quelques-uns
sont encore en voie de construction : de la Vitriolerie,
du Colombier, la Mothe, des Hirondelles, de Villeurbanne, de la Part-Dieu, des Brotteaux, des Charpennes et de la Tête-d'Or.

Les causes qui amenèrent la révolte des ouvriers de

(1) Général Duvivier, *Fortifications de Lyon.*

6

l'agglomération lyonnaise, en avril 1834, étant généralement connues, nous ne croyons pas nécessaire de
les redire ici; ils payèrent chèrement la victoire de
1831. Nous allons faire connaître les faits qui se pas-
sèrent à la Guillotière et aux Brotteaux pendant la révolte de 1834.

Le 9 avril, quelques ouvriers des Brotteaux ayant
fait mine de vouloir bouger, on braqua une pièce de
canon sur le pont du Concert, quelques coups furent
tirés. Ce pont, ainsi que ceux de la Guillotière et Morand, étaient au pouvoir des troupes qui faisaient feu
dans la direction des rues : un poste d'environ deux
cents hommes, qui stationnaient à la tête du pont de
la Guillotière, fut renforcé sur le soir par un bataillon
du 21e, venant de Grenoble.

A la fin de cette journée, le tocsin sonnait dans tous
les quartiers au pouvoir de l'insurrection, et indiquait
ainsi, aux postes éloignés, que les ouvriers étaient
maîtres de la position d'où partait le bruit des clo-
ches; le canon grondait sur le quai de Saône, sur
celui du Rhône, et dans la direction du fort La Mothe,
sur les derrières de la Guillotière.

Le lendemain 10 avril, vers les sept heures du matin, dit un historien de ces tristes journées (1), quelques barricades avaient été faites par un petit nombre
d'hommes, à la Guillotière, et des coups de feu avaient
été tirés des maisons de la Grande-Rue sur la troupe
qui s'avançait pour détruire ces barricades. Bientôt
une lutte terrible s'engagea, et plusieurs bombes ou

_____

(1) Adolphe Sala, *Les Ouvriers lyonnais en* 1834.

boulets lancés par l'artillerie sur les maisons d'où les
coups de fusil étaient partis, mirent le feu en divers endroits. Un vent du nord très violent poussait
les flammes avec impétuosité : les malheureux loca_
taires des maisons où le feu se communiquait, dans
la dure alternative de périr dans les flammes ou par
le fer des soldats qui repoussaient à coups de fusil tous
ceux qui osaient se montrer, se sauvaient par les toits
en cherchant à gagner les bâtiments les plus éloignés
du théâtre de l'incendie. Aucun effort n'étant fait pour
en arrêter les progrès, il gagnait de proche en proche
et c'est ainsi que successivement il atteignit la maison
Charbonnier, l'auberge de la Couronne, les maisons
Naud et Blanc, et y causa des dégâts affreux. Tout ce
groupe d'édifices, dont plusieurs d'une grande valeur, s'anéantit ainsi ravagé et brûlé à la vue de la population consternée.

La partie la plus éloignée de la Guillotière était
tenue en respect par le fort La Mothe, et ne paraissait
prendre aucune part à l'insurrection ; quelques ouvriers seulement occupaient le clocher de la paroisse
et tiraillaient en sonnant le tocsin. Pour se mettre en
communication avec le Dauphiné et recevoir les nombreux renforts échelonnés dans cette direction, le
commandant militaire concentra d'abord ses efforts
sur la Guillotière, sans doute aussi dans le but d'empêcher le soulèvement de cette province si on y eût
cru les Lyonnais vainqueurs. Une première attaque
avait été repoussée ; des batteries, composées de pièces
de gros calibre et d'obusiers, furent établies pour
prendre à revers et d'enfilade les maisons de la Grande-

Rue, auxquelles s'appuyaient les principales barricades. Ainsi, pendant que l'incendie dévorait les maisons, un feu terrible d'artillerie les écrasait. Durant plusieurs heures la fusillade des soldats placés sur les maisons de la rive droite du Rhône, et jusque sur le toit de l'Hôtel-Dieu, ripostait aux coups de fusil des ouvriers logés aussi sur les toits des maisons de la Guillotière.

Les troupes, formées en colonnes, avaient reçu le signal de l'attaque; on battit la charge, et quelques insurgés isolés, ne pouvant se résoudre à suivre leurs compagnons, périrent victimes de leur détermination.

La tête du pont de la Guillotière fut ainsi occupée le 10, dans l'après-midi, après un feu terrible d'artillerie. Dans cette lutte, telle que le soldat ne pouvait penser en rencontrer qu'en pays ennemi, le vainqueur exaspéré oublia souvent que ses ennemis cette fois étaient Français. De grands malheurs à déplorer, de grandes pertes à réparer, des maisons entièrement anéanties, un plus grand nombre d'autres criblées de balles et de boulets ou ébranlées jusque dans leurs fondements; une population effrayée, fuyant à travers la campagne, emmenant son mobilier pour éviter une épouvantable dévastation : tels furent les résultats effrayants du combat où à peine cent cinquante hommes furent engagés, et où tout au plus un quart des combattants étaient armés.

Après six heures d'un semblable combat on alla, malgré le danger de la circulation, conjurer les insurgés de ne pas entraîner, par leur résistance, la des-

truction de toute la ville. Français et habitants· de la
Guillotière, ils surent se rendre au vœu de leurs com-
patriotes ; ils commencèrent à abandonner la dernière
maison où ils s'étaient établis à mesure que la précédente avait été la proie des flammes. Quarante environ
des leurs se frayèrent un passage à travers huit murailles qu'ils percèrent, pour éviter de passer par la
rue sillonnée de balles et de boulets , et ils s'échappè-
rent dans la campagne, renonçant à la défense.

Quelques-uns s'étaient présentés dans les communes
de Vénissieux et de Meyzieux pour les désarmer, ils y
furent facilement repoussés ; leur nombre ne pouvait
en imposer à personne.

Cependant la Guillotière ne fit sa soumission, dans la
soirée du 10, que pour recommencer le feu le lendemain. Si ce faubourg était resté au pouvoir des insurgés, la position de la garnison de Lyon aurait pu devenir très critique. Des hommes , embusqués sur les
toits de ses maisons, faisaient un feu très vif sur les
soldats ; d'autres avaient intercepté les communications. Le général Aymar proposa ou d'attaquer la
Guillotière ou de la raser ; ce dernier moyen était
choisi , les batteries étaient même disposées, lorsqu'il
changea d'avis , et l'attaque fut décidée. Trois colonnes furent formées à cet effet ; celle de gauche fut
conduite par le commandant du génie Million , celle
de droite par le chef de bataillon Perrassier ; le lieutenant-général marcha par un autre point avec la colonne du centre. Cette manœuvre rencontra peu de
résistance, les insurgés prirent la fuite ; une cinquan-
taine furent cernés et pris dans la maison-commune.

Une reconnaissance faite sur la route de Vienne les dispersa à la distance d'une lieue, et le faubourg fut occupé par le bataillon du 21°.

Les désastres de cette guerre civile sont incalculables; la Guillotière fut plus maltraitée que les autres localités; une seule des maisons incendiées donnait un revenu de 18,000 francs. Une députation, composée de MM. Leguillier et Clément Reyre, fut envoyée à Paris pour joindre ses réclamations à celles de la ville de Lyon. Une loi spéciale fut présentée à la Chambre des Députés: la Chambre, après avoir adopté au vote public la loi proposée, la rejeta au vote secret, à une majorité de quatre-vingts voix. Résultat fâcheux pour Lyon et plus encore pour la Chambre elle-même, puisqu'il prouvait la mobilité de certaines consciences qui n'avaient pas reculé devant deux votes contradictoires, et qu'il devait recueillir la réprobation générale (1). Cependant la somme allouée par cette loi n'était que de douze cent mille francs, et elle aurait à peine suffi pour réparer les désastres causés à la Guillotière.

Pendant l'année 1837 on ajouta, au pont de la Guillotière, des trottoirs soutenus par des arches en fonte; cette amélioration rend ce passage moins dangereux, et l'abaissement des deux arches, du côté de Lyon, sa pente moins rapide.

Le 22 juillet, à quatre heures du matin, une partie du quai Bonaparte, à la suite du pont, s'écroula sur

(1) Monfalcon, *Histoire des Insurrections de Lyon.*

une longueur de 200 pieds ; personne ne périt dans cet événement.

1838. — Construction de la digue de la Vitriolerie.

Le pont de l'Hôtel-Dieu fut ouvert au public le 22 janvier 1839 ; il est composé de deux piles et de trois travées ; sa longueur est de 208 mètres et sa largeur de 7. L'adjudication de ce pont fut tranchée en faveur de M. Clauzel, le 3 juin 1837 ; les travaux commencèrent le 2 mai de la même année. Ce quatrième pont, ainsi que ceux de Lafayette et Morand, appartient à la même compagnie, connue sous la dénomination de Compagnie des ponts du Rhône.

Le cimetière de la Madeleine est situé dans la partie méridionale de la Guillotière. La chapelle qui portait ce nom était une succursale de l'église paroissiale de Saint-Michel (Ainay); elle était contiguë au cimetière. — La Madeleine est le lieu de sépulture des hôpitaux, de tous les dépôts, de tous ceux que le glaive de la justice a frappés ; la Madeleine est le cimetière du pauvre : car la mort ne nivelle pas ici les conditions, les cadavres sont divisés en deux castes ; le riche égoïste craint de se trouver trop à l'étroit dans sa funèbre couche, aussi abandonne-t-il aux pauvres la Madeleine pour les mausolées aériens de Loyasse. Dans le cimetière du pauvre, le même tombereau apporte, entassés pêle-mêle, l'artisan laborieux et le vagabond, la vierge et la prostituée, le soldat mort des blessures qu'il reçut sur le champ d'honneur, et l'assassin dont on vient de ramasser les restes dans le panier de la guillotine. Un prêtre suit machinalement en psalmodiant à demi-voix une

prière latine : puis le fils, l'ami ou le père, s'avance
tristement et le cœur brisé. Une fois la triste cérémonie achevée, il fuit précipitamment de ce lieu d'horreur où il n'ose plus revenir, jusqu'à ce que, usé par
la misère et le travail, la mort l'y amène à son
tour (1). Le jour de la Toussaint, les Lyonnais vont en
pèlerinage à la Madeleine; il en est peu dont ce lieu
n'ait reçu quelqu'un des siens; si ce n'est un parent,
c'est un ami : chacun s'attriste sur la tombe de celui
qui lui fut cher. A la même époque de l'année, les
Grecs honoraient par une fête les mânes de leurs con-
citoyens; ils terminaient cette fête par un repas de
fèves, c'était chez eux le symbole des morts. Nos
Lyonnais, qui n'ont aucune prétention de ressembler
aux Grecs, terminent leur pèlerinage de la Madeleine
en mangeant des marrons et en buvant du vin blanc
de Condrieu.

La chapelle, qui était sous le vocable de sainte Madeleine, a été changée, depuis la Terreur, en habita-
tation particulière.

Le 30 avril 1839, à trois heures du matin, la dépouille mortelle d'Adolphe Nourrit arriva à la Guillotière; les amis du grand artiste n'ayant pu obtenir de
l'autorité ecclésiastique la permission de faire entrer
les restes mortels dans une église, on les déposa dans
le cimetière de la Madeleine, en attendant l'heure
fixée pour le départ. A dix heures, la place était couverte d'une foule nombreuse; on y remarquait des
artistes mêlés avec des ouvriers, des hommes du

(1) C. Bertholon, *Lyon vu de Fourvières.*

peuple avec des hommes de lettres, tout le monde voulait payer son dernier tribut au grand artiste, et au grand citoyen. Le peuple l'aimait avec juste raison non-seulement pour son talent, mais encore pour sa bienfaisance ; car l'ingratitude est bien rare dans les classes populaires.

Il serait à désirer, dans l'intérêt de la salubrité publique, ainsi qu'il a été décidé plusieurs fois par le conseil municipal, que le cimetière de la Madeleine fût transporté ailleurs. Ce petit espace absorbe, dans ses quatre fosses larges et profondes qui s'emplissent successivement, plus de trois mille cadavres par an. Le fond de ces fosses communes est visité par le Rhône qui s'y infiltre lors de ses inondations ; et près de là sont des puits alimentés par le fleuve, qui fournissent à la boisson des habitants du quartier (1). De pareils faits parlent assez haut, ce nous semble, pour que l'administration des hospices cherche au plus tôt à transporter ailleurs ce cimetière situé presque au centre d'une populeuse commune.

(1) A. Chapeau, *Esquisse de la topographie médicale de Lyon.*

CHAPITRE VII.

Par sa position topographique, la commune de la Guillotière a toujours eu à souffrir des inondations du Rhône; c'est vers la fin de l'automne et vers celle de l'hiver, que le sol est surtout submergé. La crue de la St-Nicolas, selon l'expression des mariniers, manque rarement son effet; elle est ordinairement moindre que celle du mois de mars. Le Rhône étend ses eaux sur toute la plaine des Brotteaux et de la Guillotière jusqu'à la balme Viennoise, en formant un vaste lac au milieu duquel les maisons rurales et les forts élevés depuis peu dans ce quartier surgissent comme des îles. C'est à peine si les chaussées jetées sur cette plaine, en face de nos ponts, et la Grande-Rue de la Guillotière, permettent encore les communica-

tions avec les pays voisins. Les travaux de terrasse-
ments en forme de digue, entrepris et achevés depuis
peu de temps au nord des Brotteaux, n'auront aucun
résultat, s'ils sont pour obvier à la submersion de
ce quartier. Cette plaine ne peut être préservée des
inondations que par l'un des deux moyens suivants :
un remblai général, ce qui n'est pas praticable, ou
l'établissement d'un canal de dérivation, large et en
forme de ceinture, qui, dans les grandes crues, servi-
rait de dégorgeoir aux eaux depuis le haut des Brotteaux jusqu'au bas de la Guillotière. Si ce dernier
moyen à l'inconvénient de diviser le Rhône et de pri-
ver, quand il est bas, la ville de Lyon d'une masse
d'eau, il présente l'avantage de garantir la Guillotière
des débordements du fleuve (1). Les lignes qu'on
vient de lire ont été tracées en 1838; depuis cette
époque, des améliorations nombreuses ont été faites
dans cette commune; mais, comme on ne cherche toujours à remédier au mal que lorsqu'il a fait sentir ses
atteintes, c'est après l'inondation de 1840 que ces
améliorations ont eu lieu, inondation dont nous allons donner l'historique. Nous devons mentionner
cependant avant cet événement l'incendie du Cirque
des Brotteaux, et l'établissement de deux salles d'a-
sile, l'une à la Guillotière et l'autre aux Brotteaux.

Le 30 octobre, à deux heures du matin, une trouée
d'environ cent mètres fut opérée dans la digue de la
Tête-d'Or, et les flots du Rhône, longtemps contenus
par cet obstacle, se ruèrent impétueusement par cette

(1) A. Chapeau, *Esquisse de la topographie médicale de Lyon*, 1838.

ouverture, et s'étendirent au loin dans la plaine. La Tête-d'Or, les Charpennes, la Cité-du-Rhône, Villeurbanne, la Buire, la Guillotière, la Mouche, furent bientôt couverts par des masses d'eau qui, en se précipitant, renversaient toutes les constructions qui se trouvaient sur leur passage. Ce fut un horrible spectacle que celui de ces maisons minées par la force des courants, disparaissant dans les eaux et écrasant dans leur chute toute la fortune de leurs malheureux habitants... L'autorité municipale de la Guillotière s'occupa activement, dès le matin, d'organiser des secours; plusieurs généreux citoyens s'empressèrent de la seconder, et des batelets montés par eux se portaient sur tous les points où il y avait des victimes à sauver ou des malheureux à secourir.

Les forts étaient cernés de toutes parts, et les troupes qui y étaient renfermées, sans vivres, exposées aux horreurs de la faim. L'autorité militaire s'empressa d'organiser un service de bateaux pour les approvisionner, et l'on y parvint heureusement.

On cite à cette occasion un fait que nous croyons devoir reproduire :

Dans la nuit du samedi au dimanche, quatre artilleurs étaient en faction près la digue de la Tête-d'Or, qui vint à se rompre, comme nous l'avons dit plus haut. Ces militaires se prirent par la main et formèrent la chaîne pour résister à la violence des eaux qui les enveloppaient de toutes parts. Ils arrivent à une première maison qui était sans habitants et fermée, battent en retraite sur une autre habitation située à quelque distance, réunissent leurs efforts pour enfoncer la porte, et montent sur le toit où ils passent la nuit.

Le lendemain, le commandant du poste, inquiet sur le sort de ses factionnaires, fait venir le nommé Huchard, marinier, qui avait déjà donné mille preuves de dévoûment et d'intrépidité ; il l'engage à aller à la recherche des artilleurs, lui promettant pour récompense la somme qu'il fixera. « La mission est périlleuse, mon commandant ! aussi irai-je pour rien ; mais pour de l'argent, non ! » Huchard demande cinq minutes pour faire ses préparatifs, puis il se jeta dans sa barque.

Après six heures de recherches et d'efforts inouïs au milieu de cette plaine inondée et traversée par des courants qui, à chaque instant, menacent de l'engloutir, ce brave homme aperçoit les militaires sur le toit et les ramènent sains et saufs au Grand-Camp. L'officier lui offre sa bourse. « Je ne puis l'accepter, mon commandant ; je vous ai dit que je ne faisais pas ces choses-là pour de l'argent ! Cependant, comme mes forces sont épuisées, donnez-moi seulement pour boire. » Le lieutenant-général s'est empressé de signaler au ministre de la guerre le dévoûment du brave Huchard.

Un accident grave vint, dès le soir de cette fatale journée, ajouter encore à toute l'horreur de ces scènes de désolation : l'eau ayant pénétré jusque dans les tuyaux conducteurs du gaz, la Guillotière et les Brotteaux se trouvèrent dans une complète obscurité ; on n'entendit plus alors, pendant les longues heures de la nuit, que le bruit sourd des flots, les cris de dé-

tresse des malheureux qui appelaient en vain sur le
cours, et le murmure monotone de la pluie qui tom-
bait par torrents, comme si tout dans la nature eût dû
fournir sa part à ces scènes de dévastation et d'horreur.

Le Rhône se précipita avec fureur à travers les avenues de Noailles, de Créqui, de Gramont et de Vau-
ban; les maisons du cours Morand, avoisinant le
Cirque, furent renversées ainsi que celles situées près
de l'emplacement des anciennes Montagnes-Françaises;
les avenues de Saxe, de Vendôme, des Martyrs, les
rues Monsieur et Madame portèrent d'affreux courants sur les nombreux chantiers des marchands de
bois. On vit, au point du jour, le Rhône entraînant,
pêle-mêle, des bois de toute nature; bientôt s'y mê-
lèrent des meubles et des effets mobiliers : tout an-
nonçait d'affreux ravages. Le Rhône, arrivant derrière
la Guillotière, était forcé à un brusque retour; des
courants rapides s'établirent dans les rues perpendi-
culaires au bassin de l'Hôtel-Dieu. A neuf heures du
matin, un de ces courants, débouchant sur le cours
Bourbon par la rue de l'Epée, fit crouler avec fracas
une maison située à l'angle de cette rue et du cours.
Deux barques, chargées de femmes et d'enfants, furent un instant dérobées à la vue par la masse de
poussière qui s'éleva; heureusement ces barques ne
furent pas atteintes, elles reparurent quelques instants
après. Vingt maisons en quelques heures tombèrent
aux alentours du Gazomètre; une maison de cinq
étages ne conserva qu'un pan de mur de la hauteur

primitive de sa façade; ce lambeau était là debout pour attester toute l'énormité du désastre.

Les eaux s'élevant toujours se présentèrent à dix heures du matin, et en même temps, sur la place du Pont de la Guillotière, par le cours Bourbon, la rue St-Clair, la rue Moncey et la rue de Chartres. Une fois que le haut du pavé de cette place eut été atteint par les eaux que vomissaient à la fois ces quatre bouches béantes, elles se confondirent toutes, et se précipitèrent dans la grande rue de la Guillotière qui, dès-lors, eut un courant de la rapidité du fleuve. Toute communication fut interrompue, et les diligences du Midi et du Piémont durent renoncer à leur départ.

En aval du pont de la Guillotière, la digue de la Vitriolerie fit bonne contenance; elle ne fut nullement endommagée dans sa partie parallèle au Rhône: mais il n'en fut malheureusement pas ainsi du bas-port qui occupe l'espace compris entre le pont de la Guillotière et la tête de la digue. Le mur en quart de cercle qui ferme le fond du bas-port est moins élevé que la digue, il n'a que la hauteur des eaux de 1812; à dix heures du matin, le Rhône franchit ce mur dans toute sa longueur, et à quatre heures après midi, ayant atteint *quarante centimètres* au-dessus des eaux de 1812, le Rhône renversa la partie du mur voisine du Bureau du génie, et se jeta avec impétuosité dans le quartier de Bechevelin (1). Un fort courant prit alors la direction de cette brèche; les pièces de bois que le

(1) La Cristallerie ne fut pas atteinte, grace à l'élévation du sol.

fleuve entraînait s'y précipitèrent ; en un instant l'entrepôt de charbons et le bureau du sieur Roybel furent emportés en mille pièces. De toutes parts on apprenait de nouveaux désastres ; la pluie continuait à tomber.

Enfin le 31, à deux heures après midi, le Rhône s'arrêta ; il était arrivé à 5 mètres 57 centimètres au-dessus de l'étiage, au pont Morand. Il avait renversé près de 450 maisons, car la plupart des constructions, élevées sur les terrains envahis, n'avaient qu'un mètre de fondation en pierre, surmontée de murs en pisé que l'eau détrempait en les atteignant. Nous ne pouvons résister au désir de reproduire ici quelques faits particuliers cités par M. Kauffmann, dans la remarquable brochure qu'il a publiée sur les désastres que nous venons de raconter à notre tour.

« Quelques-uns des malheureux qui habitent des maisons à demi détruites opposent, dit-il, de la résistance à ceux qui vont les chercher, et refusent de les suivre. Deux des bateliers improvisés, à qui la population doit tant de reconnaissance, trouvent un homme sur le seuil d'un maison déjà en ruine ; ils le pressent de venir avec eux. « Où voulez-vous que » j'aille ? dit le malheureux. Ma femme vient d'être » emportée par le courant, mes deux enfants sont » noyés ! ce n'est pas la peine de vivre comme ça, je » reste ici. » Les bateliers en s'éloignant voient la maison s'écrouler sur lui.

» Un citoyen dévoué parcourait le cours Bourbon avec deux bateliers dont les efforts venaient difficilement à bout d'empêcher la barque de se briser entre les arbres ; ils allaient recueillir les habitants dans leurs demeures envahies par les eaux. « Vous avez » donc peur ? » leur crie un de ces hommes confiant dans la solidité de sa baraque, ou plein d'une fatale insouciance, ou cachant le désespoir sous l'apparence de la sécurité. Il fallut s'éloigner sans lui. Le lundi matin, le même citoyen et les mêmes bateliers parcouraient le même cours, examinant les désastres. — « Voyez-vous, lui dit l'un d'eux, la maison où nous sommes venus avant-hier ? — Oui , elle est tombée , et l'homme ? — Il est là. — Comment, là ! — Ou dans ce trou ; quand l'eau décroîtra, nous trouverons son cadavre. »

» Sur le chemin de la ferme de la Tête-d'Or, un vieux tailleur allemand, nommé Hermann, habitait avec son chien une petite cabane de bois, haute comme une guérite, qu'il avait plantée là, derrière la haie. Dans la nuit, son chien se mit à aboyer et sauta sur le lit ; Hermann, éveillé en sursaut, entend un bruit étrange, s'élance de sa couche et se trouve sur le plancher les jambes dans l'eau. Epouvanté , il monte sur sa table, bientôt elle chavire ; il grimpe sur sa commode, le toit est si bas que le pauvre vieux , tout courbé , touche le plafond avec le dos ; la commode est mise en mouvement par l'eau qui croît toujours, Hermann tombe. Il n'y avait plus de salut pour lui s'il restait là ; il se jette à la nage, s'accroche à la haie, le courant l'emporte ; il nage de nouveau et enfin atteint un arbre, l'étreint avec force et demeure là, le pauvre vieillard de soixante-dix ans, en chemise, dans l'eau, jusqu'au matin à huit heures que

7

le nommé Dumont vient le sauver dans son bateau.
Sa cabane, enlevée sans être démolie, avait passé
dans le chemin tout près de lui.

» A Champ-Fleuri, sur la route de Villeurbanne,
dans une maison bâtie à l'italienne au milieu d'un
jardin charmant, habitaient deux personnes, le mari
et la femme. Quand l'eau envahit le jardin, ils firent
entendre des cris de détresse; on vint à leur secours
avec un bateau; mais ils espèrent encore, et ne veulent pas quitter leur habitation. Quelques heures plus
tard la maison, quoique élevée à plusieurs pieds,
était envahie par les eaux; la hauteur de la maçonnerie était dépassée, le pisé était atteint, la maison trem-
blait. Les malheureux époux coururent sur la terrasse
et poussèrent de nouveaux cris, mais alors il s'était
établi dans le chemin un courant d'une effrayante rapidité, personne ne vint. La terrasse craquait sous
leurs pieds : on les vit se jeter dans les bras l'un de
l'autre, et tomber,—la maison s'affaisait. Il n'en reste
pas vestige; les deux cadavres seront trouvés peut-
être dans un coin du jardin, où l'eau en tourbillon-
nant les aura jetés. »

Le nombre des maisons écroulées par l'inondation
s'est élevé à plus de *deux cent cinquante* dans la seule
commune de la Guillotière, sans compter celles qui
ont été fortement endommagées par l'eau et qu'on a été
forcé de démolir.

Une commission se forma à Paris et dans plusieurs
grandes villes pour recevoir les secours en faveur des
malheureux inondés. La générosité de ses habitants a
valu à Lyon le nom de *ville des aumônes :* toujours

l'infortune y a trouvé des consolations pour sécher ses larmes; là, tout le monde donne, depuis le riche généreux jusqu'à l'ouvrier qui partage le morceau de pain qu'il vient de gagner à la sueur de son front. Aussi, à la première nouvelle du désastre, des souscriptions s'ouvrirent dans la plupart des villes de France et de l'Etranger pour venir au secours de la ville qui, tant de fois, a secouru les autres (1).

La Commission Parisienne, en présentant l'état des sommes qu'elle a reçues, dit que « ce qu'elle ne peut pas rendre aussi aisément, ce sont les sentiments que lui a fait éprouver cet empressement de toutes les classes à venir déposer en ses mains l'offrande généreuse du riche aussi bien que l'épargne du rentier, le faible gain du cultivateur ou de l'artisan, le jour de solde du soldat, l'argent destiné aux plaisirs de l'enfance, le salaire de l'ouvrier. Bien des jeunes filles, dans les pensions de Paris, se sont privées de la fête de Sainte-Catherine pour secourir les inondés. Une religieuse nous a fait passer le prix d'un jeûne, évalué en argent suivant les premiers siècles de l'Église. La souscription du domestique a plusieurs fois suivi celle du maître, les employés des maisons de commerce ont joint leurs dons à ceux de leurs chefs, les clercs des études à celles des notaires; dans les ateliers de Paris l'offrande du maître et celle des ouvriers se sont confondues. »

Parmi les personnes qui eurent le plus à souffrir de l'inondation de 1840, on remarqua M. Graillet, fa-

(1) *Tableau historique et statistique de Lyon*, 1815.

bricant de papiers peints. Ses ateliers, ses magasins,
ses appartements, ses marchandises, tout fut englouti
par les eaux. Occupant un grand nombre d'ouvriers,
il ne put se résoudre à les laisser sans travail dans un
moment si critique ; résistant aux vœux de sa famille,
il improvisa des ateliers dans six vastes locaux loués
en toute hâte, et fit immédiatement recommencer les
travaux. Deux années s'écoulèrent ainsi, lucratives
pour les ouvriers et infructueuses pour leur chef qui,
cependant, soutenu par un grand courage et par une
remarquable habileté, a fait construire, sur le cours
Chabrol, un des plus beaux ateliers de papiers peints
qui existent en France. L'inauguration en fut faite le 2
août 1842.

Après la terrible inondation de 1840, un fait inouï
vint jeter l'épouvante dans la Guillotière. Le 18 décembre, vers huit heures du soir, M. Vincent Million,
négociant à la Guillotière, se dirigeait vers son domicile en suivant le quai du Rhône, à Lyon ; tout-à-coup
plusieurs individus se précipitent sur lui, malgré sa
résistance l'entraînent sur le bord du Rhône, et le jet-
tent dans un bateau amarré tout exprès pour le recevoir. Le bateau s'éloigne rapidement du rivage, mais
les trépignements et le bruit de la lutte avaient frappé
l'attention du préposé de l'octroi qui se trouvait dans
le voisinage ; celui-ci tira un coup de pistolet pour
donner l'éveil sur toute la ligne ; la garde accourut, et
le conducteur du bateau, sommé de s'arrêter, répondit
que c'était un voleur qu'on venait de saisir et qu'on
conduisait à la Guillotière. En effet, le bateau se rap-
procha vivement de la rive gauche du fleuve.

Les deux rives furent scrupuleusement visitées le lendemain par de nombreux agents et, dès le point du jour, le bateau fut découvert au port de Ternay ; c'est là que les malfaiteurs avaient débarqué M. Million. On en suivit les traces indiquées sur la neige jusqu'à une cabane isolée, située sur la côte escarpée, au milieu des vignes de Ternay. La porte de ce réduit avait été fracturée et on y trouva les restes d'un feu qu'on y avait allumé. Là se bornaient les indices.

Chaque moment venait accroître l'inquiétude qu'inspirait le sort de M. Vincent Million, lorsque sa femme reçut de lui une lettre qui vint adoucir ses craintes. « Ne sois pas en peine de moi, lui écrivait-il, il ne m'est rien arrivé de fâcheux ; ne fais aucune poursuite, car si l'on apercevait police et gendarme, il pourrait m'arriver mal. On me demande de l'argent pour avoir ma liberté ; mais comme la somme est trop forte, je n'ai pas voulu consentir. » Cette somme avait été d'abord fixée à 50,000 francs, elle fut ensuite réduite à 10,000 francs. M. Million écrivit une seconde lettre à sa femme pour l'engager à lui faire parvenir cette somme par l'intermédiaire d'une personne connue de la victime et des ravisseurs.

Le 20 décembre, vers six heures du matin, le nommé François Gervais, l'un des coupables, se présenta chez le garde champêtre de Ternay et lui déclara que M. Vincent Million était détenu dans son domicile. La gendarmerie de Givors en fut immédiatement instruite ; le maréchal-des-logis, accompagné de plusieurs gendarmes, se dirigea vers la maison désignée. La porte et les volets extérieurs étaient clos ; Gervais se fit

ouvrir, et M. Vincent Million, qui était couché sur un
lit, se leva tout à coup en tendant les bras vers ses li-
bérateurs ; il était alors huit heures du matin.

La cour d'assises du Rhône, dans sa séance du 25
mars 1841, a condamné Poncet et Collet à vingt ans
de travaux forcés et Gervais à dix ans de la même
peine ; tous trois à l'exposition. Poncet est, depuis,
mort au bagne de Toulon.

Jusqu'en 1843, les habitants du populeux quartier des Brotteaux ont été obligés d'aller entendre le
service divin dans une chapelle de la rue Malesherbes.
Une nouvelle église, commencée aux Brotteaux en
1838, fut terminée à cette époque, et la consécra-
tion en eut lieu le 24 décembre 1843, sous le vocable
de Saint-Pothin. — Ce monument est bien simple et
bien modeste ; les finances de la commune ne permettaient pas de faire mieux que M. Crépet n'a fait. Si
l'économie n'est pas appréciée par les critiques, elle
l'est, malheureusement pour l'art, par les conseillers
municipaux, dispensateurs des ressources communales. L'architecte de St-Pothin a vu, nous assure-t-on,
son projet primitif dénaturé par le Conseil des bâtiments civils ; ainsi une partie des fautes qu'on pourrait reprocher à l'architecte seraient imputables à ce
conseil, qui exerce quelquefois sur l'art une influence
fâcheuse.

Suivant M. Crépet (1), l'église de St-Pothin est loin
d'être terminée ; elle doit avoir cinq nefs, d'après les
plans approuvés par M. le ministre de l'intérieur.

(1) *Notice historique et topographique de la ville de la Guillotière*. 1845.

Ses colonnes intérieures et extérieures doivent être cannelées, ses corniches sculptées; son fronton doit recevoir un bas-relief représentant le martyre de S. Pothin, et ses angles seraient ornés de statues, la Foi, l'Espérance et la Charité; enfin, tous ses murs et voûtes intérieurs doivent recevoir des peintures. Les allocations faites jusqu'à ce jour pour la construction de cette église montent à la somme de 312,525 francs.

Ce monument ornera très pittoresquement la place qu'il décore, ainsi que le pont du Collége terminé (1845). Tout fait espérer que sous peu la place Saint-Pothin sera embellie de superbes maisons pareilles à celles du cours Morand et de la place Louis-XVIII.

1844. — Dans une des séances de sa session extraordinaire de la dernière quinzaine de janvier, le conseil municipal a décidé le principe de l'édification d'une halle renfermant un grenier public dans lequel les boulangers seraient tenus de faire les dépôts de farines imposés par les règlements. Quant au nombre de fours, il ne pourra en être construit aucun sans l'autorisation municipale, qui jugera quand l'accroissement de la population l'exigera.

Une feuille, destinée à défendre les intérêts moraux et matériels, est créée à la Guillotière (1er mars), par M. Dubois. Écrit avec impartialité, le *Journal de la Guillotière* n'a en vue que l'intérêt général, et nous encourageons M. Dubois à continuer la marche qu'il s'est tracée.

(14 Décembre) Ouverture de la magnifique salle du Colisée.

La passerelle du Collége a subi, le 7 décembre 1844,

une épreuve dont le résultat a été des plus malheureux : déjà le chargement était terminé sur les deux travées de rives ; aucun mouvement ne s'était manifesté ni dans les fers, ni dans la maçonnerie, et tout faisait concevoir les plus grandes espérances pour la solidité de l'édifice. Vers les quatre heures, on fit passer, sur la grande travée du milieu, le double chargement des petites travées latérales. A la fin de cette opération, au moment où les derniers graviers venaient d'être déposés, un des anneaux d'attache en fer forgé, placés au sommet des portiques, se rompit et causa la destruction entière du plancher. Aucun signe n'avait annoncé cet événement, les ouvriers étaient encore à l'œuvre quand il arriva ; aussi ces malheureux, au nombre de vingt-cinq, furent-ils précipités dans le Rhône. Des secours leur furent de suite portés, et on fut assez heureux pour en sauver une grande partie ; cependant dix de ces infortunés ne furent point trouvés et périrent dans le fleuve. Les mariniers du Rhône en cette occasion, comme dans toutes celles où ils sont appelés, se distinguèrent par leur courage, leur dévoûment et leur adresse à porter des secours aux malheureuses victimes.

Après cet événement, on se remit à l'œuvre avec activité, et le 29 juillet 1845 on recommença les épreuves, qui réussirent complètement.

Cette passerelle est d'une légèreté et d'une élégance remarquable : c'est un véritable chef-d'œuvre en son genre. Ce pont offre d'heureuses proportions ; les deux portiques, qui forment la travée centrale, sont d'une élégante simplicité ; on a substitué une claire-voie en

fer ouvré aux lourdes barrières de bois qui servent
ordinairement de gardes-fous aux ponts de ce genre.
Des câbles en fer, placés au-dessous du pont et
amarrés à ses piles, retiennent le tablier et le préser-
vent en partie des oscillations qui sont un des incon-
vénients de ce système. Grace à cette heureuse innova-
tion, cette passerelle si légère, et dont la travée centrale a une ouverture considérable, a plus de stabilité
que la plupart des constructions du même genre. Deux
perrons, d'un bon effet, conduisent le piéton jusqu'au
niveau du pont. En résumé, il fait honneur à M.
l'ingénieur Garella qui a dirigé les travaux, et le venge
noblement des reproches qui avaient été adressés au
système dont il a fait l'application.

La population de la Guillotière augmentant de jour
en jour, il a fallu non-seulement bâtir de nouvelles églises, mais encore agrandir celle de Notre-
Dame-St-Louis (1844). Cette église est en pleine reconstruction, sous la direction de M. Crépet. Le caractère
de cette reconstruction, dit M. Joseph Bard dans un de
ses derniers ouvrages d'archéologie, sera conforme
aux reproductions du type grec. Les verrières peintes
viennent d'être adaptées aux baies qui éclairent la
contre-nef ou chapelle de St-Louis : ces verrières, sor-
ties de la fabrique de M. Brun-Bastenaire, s'appli-
quent à quatre croisées ; chaque vitrail est composé
de trois médaillons. Toute la vie pieuse et politique
de St. Louis, roi de France, se résume et est repré-
sentée dans ces vitraux. Dans le premier vitrail, cou-
ronnement, St. Louis portant la sainte épine, sa visite
à St. François ; dans le deuxième, vœu du saint roi,

bataille de la Manhoura , St. Louis, prisonnier, refuse
la couronne d'Egypte ; dans le troisième vitrail , le
saint monarque nous apparaît comme législateur, dic-
tant des lois civiles et religieuses , arbitre entre les
barons anglais et le roi Richard Cœur-de-Lion , ren-
dant la justice sous le chêne de Vincennes ; dans le
quatrième vitrail, dernière croisade, St. Louis assem-
blant les seigneurs et les engageant à une nouvelle
croisade , son embarquement, sa mort. Si la cinquième croisée de la contre-nef méridionale n'était
pas forcément aveugle, vu les constructions qui s'ap-
puient extérieurement contre cette partie de l'église ,
on aurait pu , dans un cinquième vitrail, représenter
St. Louis reçu à Lyon, dans la communauté elle-même
dont dépendait l'église de la Guillotière.

Notre-Dame-de-St-Louis sera une belle église à trois
nefs d'architecture antique modifiée par les idées modernes. La contre-nef septentrionale n'est pas encore
commencée : nous espérons que M. Crépet mettra
toute la célérité possible dans les travaux qui restent
à exécuter ; cette église le dédommagera des contra-
riétés qu'il a éprouvées lors de la construction de celle
de St-Pothin des Brotteaux.

Située au milieu de la ville , cette église possède un
bénitier digne de fixer l'attention des archéologues et
des voyageurs. Un auteur lyonnais en fait la description suivante :

« C'est un des morceaux les plus anciens et les plus
curieux en ce genre; il est en granit d'un très beau
grain. La cuvette a la forme d'un carré un peu allongé.
Six serpents s'enroulent et se tiennent les uns aux au-

tres. Un septième serpent vient d'être saisi par un homme dont on voit sortir d'une cuve la tête et le buste. Le tout est d'un travail excessivement barbare, et le symbolisme en est transparent. L'artiste a sans doute voulu figurer par ces serpents les sept péchés capitaux, dont l'un vous entraîne à l'autre. Celui que l'homme a saisi, au moment où il est baptisé, c'est le serpent de l'orgueil, le maître de tous les autres. Le triomphe du baptême, la régénération de l'humanité, voilà notre explication. Ce petit monument doit, selon nous, remonter au VIII° siècle, et pourrait bien avoir été pris à quelques-unes de nos anciennes églises romanes à l'époque de leur destruction. »

En 1844, faisant droit à la demande de ses habitants, une loi érigea la Guillotière en chef-lieu de canton. Sa superficie est de 2,508 hectares, et compose, avec les premier et deuxième cantons de Lyon, le premier arrondissement électoral. Ce canton est formé de la seule commune de la Guillotière, qui comprend dans sa circonscription les sections de Montplaisir et de St-Alban. Son organisation religieuse est composée d'une paroisse, Notre-Dame de St-Louis, et de deux succursales, St-Pothin et St-Maurice.

La population de la Guillotière s'est accrue avec une rapidité vraiment incroyable. Voici le chiffre officiel de sa population à diverses époques :

1805,	5,972 habitants.
1815,	7,000
1829,	18,000
1830,	20,000

1836,	22,890 habitants.
1841,	25,730
1846,	30,000

Le général Meunier St-Clair, mort à Lyon le 5 janvier 1845, était, comme Duphot, un enfant de la Guillotière. Né dans cette ville le 29 novembre 1769, il était simple soldat en 1787, et s'éleva rapidement par son courage et sa vaillance aux plus hauts grades, en suivant tous les degrés de la hiérarchie militaire. A dater de 1792, il se trouva presque sur tous les champs de bataille jusqu'en 1815; il sut constamment s'y faire remarquer tour à tour aux armées de la Moselle, de Sambre-et-Meuse et d'Italie; en Portugal, en Espagne et à la Grande-Armée. Quatre coups de feu, un coup de baïonnette et plusieurs actions d'éclat, attestent ses vertus guerrières. Parmi ses nombreux faits d'armes, nous n'en citerons qu'un seul. A la bataille de Montebello, sous le maréchal Lannes, il fit six cents prisonniers à la tête d'une compagnie de carabiniers. A la Révolution de Juillet 1830, le général Meunier St-Clair fut investi du commandement de la 7e division militaire, à Grenoble, et dans ce poste important il exerça, avec dévoûment et modération, l'autorité qui lui était confiée. Il était commandant de la Légion-d'Honneur et chevalier de la Couronne-de-Fer. D'après ses désirs, il a été inhumé à la Guillotière dans un caveau réservé à sa famille.

M. Jacques Bernard, qui remplissait avec zèle, depuis l'inondation de 1840, les pénibles fonctions de maire, donne sa démission (juin 1845). Il est rem-

placé dans ses atttributions par M. Milliat, adjoint. —
Etablissement d'un bureau de poste aux lettres (septembre). — Le pont Louis-Philippe est terminé (octobre); la voie charretière est ferrée et doublée; les
balustrades sont en fer, les colonnes cannelées et ri-
chement sculptées. Les travaux de ce pont ont été dirigés par M. Garella.

1846. — Le pont Louis-Philippe est livré à la circulation (janvier). — Bénédiction de l'église St-André
(19 février), par M. Beaujolin, vicaire-général, délé-
gué par Mgr l'archevêque de Lyon.

Dans sa séance du 19 mars, le conseil municipal
vote une somme de 150,000 francs pour l'établissement d'un quai entre le pont de la Guillotière et le
pont Morand, sur la rive gauche du Rhône. La totalité
de la dépense de ce quai, qui portera le nom de
Joinville, est évaluée à 1,150,000 francs. Les hospices civils de Lyon, possédant aux Brotteaux une
grande partie du terrain (plus de 60,000 mètres), ont
un intérêt réel et financier à la réalisation de ce projet. Ce travail supprimera trois arches du pont de la
Guillotière.

Un esprit de rivalité a toujours existé entre les deux
quartiers qui forment la commune de la Guillotière;
cependant, toutes ces petites querelles, toutes ces petites animosités devraient cesser devant l'intérêt général; loin de là, elles sont poussées jusque dans le
conseil municipal et nuisent ainsi aux affaires de la
commune. Une proposition dans l'intérêt d'un des
deux quartiers est-elle présentée, les membres de
l'autre quartier la repoussent, *et vice versâ*. Ne pour-

rait-on pas s'entendre? car les intérêts sont les mêmes. Entre les cultivateurs et les marchands de la Guillotière, les riches propriétaires et les industriels des Brotteaux, il ne devrait pas exister de division : elle sera nuisible également aux deux quartiers. En ce moment (avril 1846), des propriétaires, habitant le quartier des Brotteaux, au nombre de huit cent vingt-neuf, dans une pétition imprimée présentée à l'autorité supérieure, ont reproduit la demande déjà formée en 1831, à l'effet d'obtenir que ladite section des Brotteaux soit distraite de la Guillotière et érigée en commune indépendante. Une enquête a été ordonnée à ce sujet.

Nous avons voulu donner en quelques pages les épisodes les plus remarquables de la Guillotière et des Brotteaux. Le lecteur jugera si nous avons atteint notre but, si nous avons rempli notre tâche. — En terminant, nous croyons devoir dire aux deux quartiers qui divisent la Guillotière : Restez unis, si vous voulez prospérer ; oui, vos intérêts sont les mêmes, vos besoins sont les mêmes, votre avenir est le même. Dans une époque plus ou moins éloignée, à vous deux vous formerez une grande et belle ville; séparés, vous resterez stationnaires, et là où peut s'élever une magnifique cité, existeront deux petites communes. Restez unis, car L'UNION FAIT LA FORCE.

FIN.

TABLE
DES MATIÈRES.

———◦◦◦◦———

FIN DE LA TABLE.

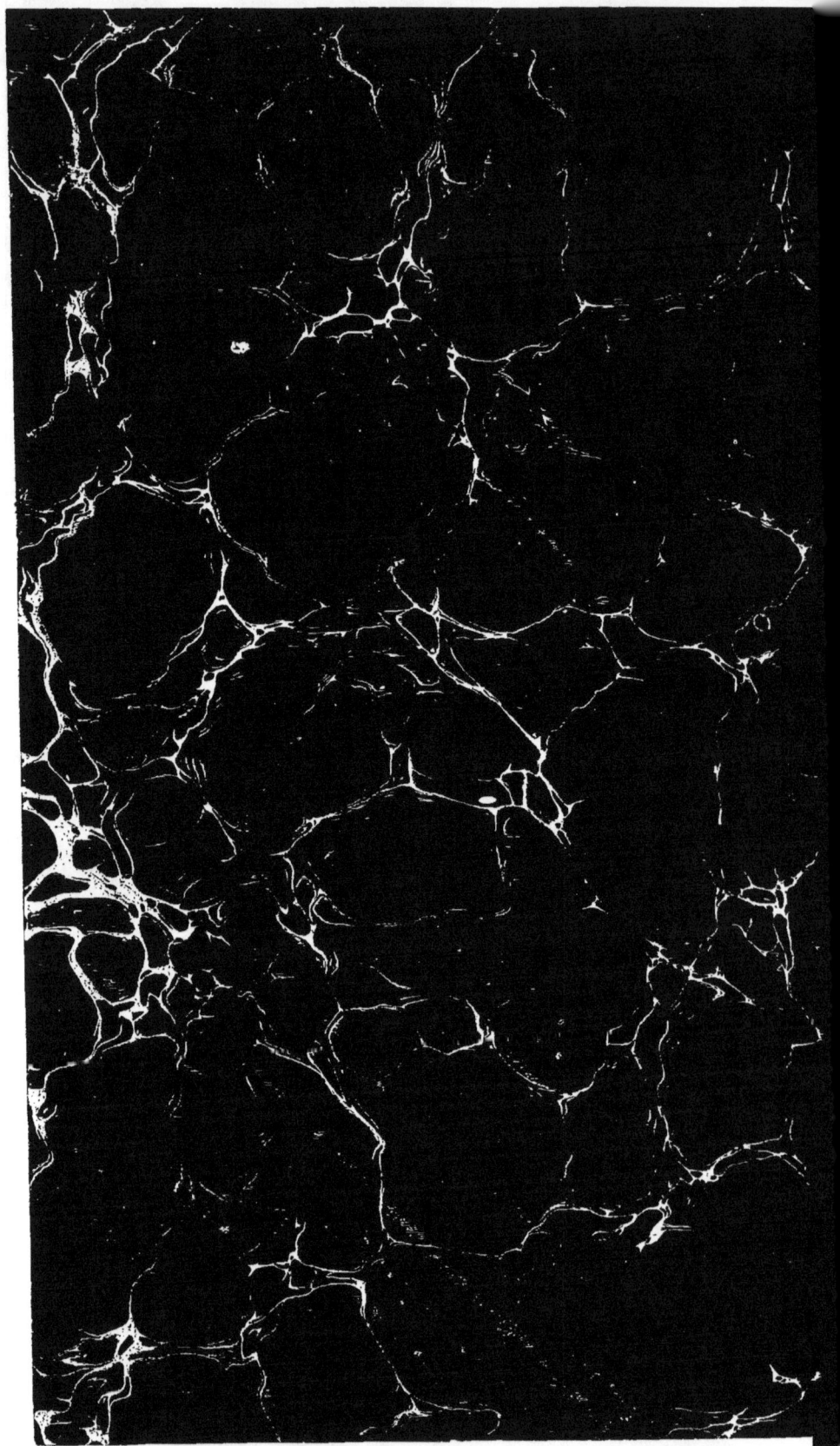